Andres Vrant / The INK Company

TU MARCA PERSONAL & LINKED IN

1ra. Edición Digital / Español

¿?
Quién es
Andres Velasquez

"rebautizado" **Andres Vrant** con un propósito experimental de marca personal, nació hacia los 80´s, ha vivido en 6 países mientras estudiaba o trabajaba. Titulado en Psicología de una Universidad Jesuita donde se concentró en *Ciencia Cognitiva*; después de esto, consiguió su Maestría en Publicidad de una Universidad Europea concentrándose en *Persuasión Humana*. / Es becario del Departamento de Estado de US para un *Fellowship* en Investigación e Innovación de la Universidad Estatal de Missouri en misión para la Cámara de Comercio de la ciudad de Springfield, también está Diplomado en Comunicación de Mercadeo del *Dale Carnegie Institute*. En 2010 empezó con su propia empresa (*The INK Company*) a través de la cual se proveen soluciones en *Inbound* y «*Content Branding*». Desde 2011 es co-fundador y consultor adjunto de Innovación de ´La Corporación LID´. Es experto en procesos de Branding y especialista en proyectos que involucran Internet para la Innovación. / "Mis experiencias de vida y de trabajo me inspiraron a escribir o acumular contenido organizadamente y de manera constante –empezando en 2003- pero soy definitivamente un autor novato si se trata de "libros". Sin embargo, nunca había escrito formalmente sobre *marca personal* o *redes sociales* hasta ahora. Ya que esos temas son emocionantes en sí mismos, me motiva expresar muchas cosas en serio acerca de esto (usted va a notarlo cuando empiece a "leer" el primer capítulo). Este libro no está hecho para ser vendido o rentado <al menos no todavía>, está ideado para hacerle *pensar acerca de usted mismo como un producto innovable & redituable* inmediatamente comience; por eso, se puede aprender mucho pero también puede ser muy entretenido por ser fácil de leer y entender. Y, como la *felicidad/satisfacción*, al final, debe ser el último destino de vida o carrera, este libro puede ser libre para descargar – copiar – enviar tantas veces como se quiera de tal manera que más personas vean lo que usted aprendió sobre *personal branding & social networks*. Gracias por tu confianza"

- Andres Velasquez,
Julio 17 de 2013
/ Santiago de Cali,
Colombia.

¿? Porque hablo de Linkedin

2006 — Regreso de Brasil buscando trabajo y un amigo de **AIESEC** que estaba en Noruega me sugiere Linkedin

2007 — Encuentro un trabajo en Investigación de Mercados en TNS. Abro un Perfil en *Facebook*.

2008 — Master en Publicidad con el IL3 de la Universidad de Barcelona

2009 — Abro una Cuenta en *Twitter*. Aplico para trabajar en las empresas mas «deseadas» de mi ciudad.

2010 — Fellowship en Innovación con *Springfield Area Chamber of Commerce* y *Missouri State U.*

2011 — Empiezo como empresa con un curso on-line, empezamos a vender servicios basados en RRSS.

2012 — Leo el **Libro** «*Start Up of You*», basado en Linkedin que hace énfasis en Marca Personal dentro de las RRSS

2013 — Diseño y doy el primer **Master-Class / Webinar** sobre Linkedin en la plataforma de Mauricio Duque.

2014 — +100 **Workshops** en *Latam* sobre Apropiación e Implementación de Linkedin.

2015 — Saco dos productos basados 100% en Linkedin. Publico mi Primer Libro en *Amazon*.

¿? Porque hablo de Marca Personal

2006 — Conozco Concepto de Marca Personal en un Congreso en Rumania x REP's de **Tom Peters**. Abro Perfil en *Linkedin*.

2007 — Planteo con PUJ un *Start-Up* basado en Marca Personal y Trabajo para TNS. Abro Perfil en *Facebook*.

2008 — *Master en Publicidad* con el IL3 de la Universidad de Barcelona

2009 — Abro una Cuenta en *Twitter*. Cuestiono mi propósito de vida y profesional.

2010 — *Fellowship en Innovación* con Springfield Area Chamber of Commerce y Missouri State U.

2015 — Publico mi Segundo Libro de Marca Personal en **Amazon**.

2014 — 1ª. implementación de **Marca Empleador** a partir de RRSS y Marcas Personales.

2013 — Diseño el *Workshop* «The Innovation of You» que combina Marca Personal, RRSS, Modelo Integral y Felicidad.

2012 — Leo el **Libro** «*Start Up of You*», que hace énfasis en Marca Personal dentro de las RRSS

2011 — 1r. Curso *on-line*, inicio venta de servicios basados en RRSS y empiezo a «escribir» libro de Marca Personal

TU MARCA PERSONAL & LINKEDIN
por *Andrés Velásquez*

Derechos Reservados© 2016 *Andrés Velásquez*. Desarrollado en Colombia y Estados Unidos Publicado por **THE INK COMPANY Publishing**, Inc. division de *The INK Company*, 1000E. Madison St. R. 118 Springfield, MO 65897

Los libros de esta misma serie pueden ser adquiridos para uso educacional, comercial, o promocional. Las ediciones en línea están también disponibles para la mayoría de los títulos - **NOMBREEMPRESA.EXT** -. Para obtener más información, póngase en contacto con nuestro departamento de ventas corporativo / institucional: (++57 315-4186715) o escriba a [AV@ANDRESVELASQUEZ.ORG]

Historial de impresión: Martes, Septiembre 13 / 2016, Primera Edición DIGITAL
Si bien se han tomado precauciones en la preparación de este libro, la editorial y los autores no asumen ninguna responsabilidad por errores u omisiones, ni por perjuicios resultantes del uso de la información aquí contenida. Este libro presenta información general sobre la tecnología y los servicios que están en constante cambio, y por lo tanto puede contener errores y / o información que, si bien es precisa cuando fue escrito, probablemente no todo en conjunto seria exacto al momento de leerlo. Algunas de las actividades mencionadas en este libro, como publicidad, recaudación de fondos, y comunicaciones corporativas, puede estar sujeta a restricciones legales. Su confianza en la información contenida en este libro está bajo su propio riesgo y el autor e **INK**, rehúsan tomar responsabilidad por cualquier daño o gasto resultante. El contenido de este libro representa únicamente las opiniones del autor basado o sustentado en fuentes similares o compatibles y, no representa los puntos de vista de una corporación en particular.

ISBN-13: 978-1537685403
ISBN-10: 1537685406
[TM]

"cada vez que vean el icono de arriba, como un <u>globo de dialogo</u>, es porque hay una frase clave conectada con marca personal"
-Andres Vrant

Al mostrarse estas <u>llaves</u>, como las de arriba del párrafo, se trata de una pequeña **dosis teórica** de marca personal o relacionada con marca personal

Esos dos <u>ICONOS</u> de arriba, van a aparecer cada vez que haya que enfatizar en un **punto clave** (especifico) de Marca Personal

!

Cuando aparezca el <u>símbolo de exclamación</u> se tratara de un **consejo** de marca personal - usualmente viene posterior a un punto clave (especifico).

...

Dedicado a

Tom Peters
William Arruda
Daniel Schawbel
Dan Zarella
Reid Hoffman

CAPITULOS

00A / Adopte la Mentalidad de Diferenciarse y Construya su Marca en Pro de Sí Mismo
00B / Micro-Intro a las Redes Sociales (para Marca Personal)

I.DEN.TI.DAD.
01 / Invierta en su Descubrimiento Personal y Conózcase a Sí Mismo para Mejorar sus Atributos
02 / Consiga una Identidad Visual
03 / Micro-Intro a Linkedin como Red Social y Micro-Intro a Linkedin para Marca Personal
04 / Básicos de los Perfiles en Linkedin

05 / Cree Herramientas para Mercadearse
06 / Construya su Marca en Bits y Bytes e Identidad Online
07 / Perfiles Profesionales en Linkedin
08 / Administración de los Perfiles Profesionales en Linkedin

CO.MU.NI.DAD.
09 / …lo que cuenta es lo que los otros piensan*
10 / Defina su Comunidad de Marca
11 / Los Grupos en Linkedin
12 / Linkedin para *Networking*

CON.TE.NI.DO.
13 / Exprésese Efectivamente y Cuente su Historia de Marca
14 / Ponga su Marca en Todo lo que Haga
15 / Slideshares y Marca Personal
16 / Pulse y Marca Personal

BUS.QUE.DAS.
17 / Sitúe su Marca para Resultados (y recuerde que)… Su Marca es *Buscable*
18 / Control de Daños Online
19 / Linkedin Search para Marca Personal
20 / Linkedin Analytics para Marca Personal

Línea de Tiempo del *Personal Branding y Aparición de Linkedin*

1928: Las grandes empresas hacen aparición en la computación.
1937: Se introduce un concepto incipiente de `MARCA PERSONAL´ en el Libro "Piense y Hágase Rico" de Napoleón Hill.
1949: Nacimiento de la Computación Moderna / Electrónica.
1966: Surgen y se unen las primeras redes que dan origen a Internet.
1973: Creación de Internet.
1979: Comienza el desarrollo del "*World Wide Web*".
1981: Surge la idea de `MARCA PERSONAL´ en el Libro "Posicionamiento: La Batalla por Tu Mente" de *Al Ries y Jack Trout* en el Capítulo `Posicionándose Usted Mismo y Su Carrera´.
1989: Internet se hace global.
1992: Crecimiento del "*World Wide Web*".
1994: Inicia una forma de comunidades "on-line" generales que son incipientes "Redes Sociales" como `GEOCITIES´ o `CLASSMATES.COM´ (aproximación novedosa).
1997: Se populariza el termino `MARCA PERSONAL´ planteado en la revista "*Fast Company*" dentro de un artículo llamado `*The Brand Called You*´ escrito por TOM PETERS / Una nueva generación de "Redes Sociales" empieza a florecer con el surgimiento de `SIXDEGREES.COM´.
1999: Publicación del Libro "*Brand You 50*" de TOM PETERS. Con esto se empiezan a formalizar los modelos de `MARCA PERSONAL´.
2001: Se crea la compañía REACH (http://www.reachcc.com/) primera empresa y líder global dedicada a proveer servicios o consultoría especializada en `MARCA PERSONAL´.
2002: Siguiendo con una tendencia, la "Red Social" `FRIENDSTER´ se convierte rápidamente en moda así como un referente para `MYSPACE´ que sin proponérselo se vuelve rápidamente una plataforma no-oficial de `MARCA PERSONAL´ para artistas.
2003: Lanzamiento-Fundación de *Linkedin*
2004: Lanzamiento-Fundación de *Facebook*
2006: Lanzamiento-Fundación de *Twitter*
2007: Publicación del Libro "*Career Distinction*"; esto determina el modelo pionero de implementación de Marcas Personales y convierte a William Arruda en el primer "Gurú" Global de `MARCA PERSONAL´.
2008: Surgimiento de los primeros expertos que integran el concepto de "Internet 2.0" a los modelos de `MARCA PERSONAL´.
2009: Publicación del Libro "YO 2.0" que básicamente habla de MARCAS PERSONALES & REDES SOCIALES, el éxito del libro lleva a Dan Schawbel a ser reconocido como el nuevo "Gurú" Global de `MARCA PERSONAL´.
2010: Lanzamiento-Fundación de Pinterest
2012: Primera Publicación del Libro "*Business Model You*" (de *Yves Pigneur* con *John Wiley & Sons*, Inc.) que, es una adaptación basada en "*Business Model Innovation*" (de *Alexander Osterwalder*).

"HOY x HOY": Se empieza a sentir el auge de las Marcas Personales en las Redes Sociales y el tema de `MARCA PERSONAL´ toma fuerza combinando el `*Coaching*´ como práctica.

el Modelo
de
Personal Branding
+
el Modelo
del
Efecto Linkedin

Tu Marca Personal & LinkedIn por Andres Velasquez - Pag. 12

♦ + ✱ = "CORE" de MARCA PERSONAL

(\)
MANTENER
«OUTRO»

(3)
EXCEDER
«DESTILAR»

(2)
EXPRESAR
«COMUNICAR»

(/)
ABRIR
«INTRO»

(0)
EXPLORAR
«DESCUBRIR»

(1)
EXTRAER
«CREAR»

ex^3, ex^2, ex^1, ex^0

©AndresVelasquez

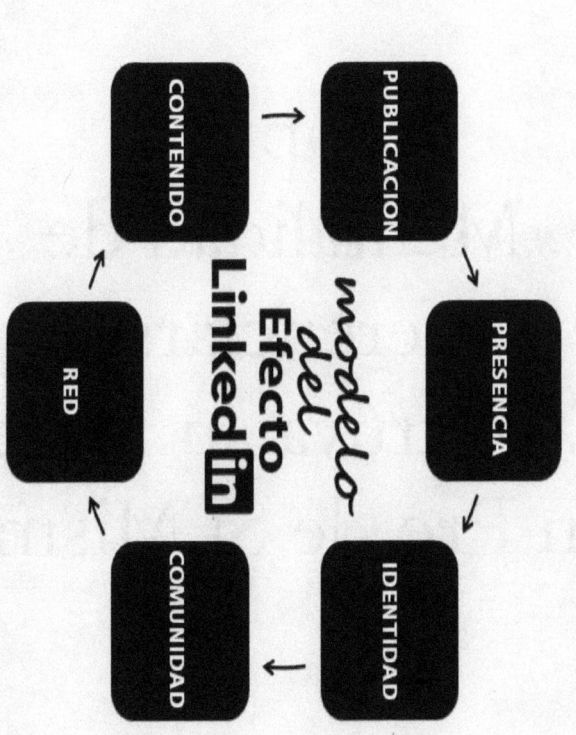

CAPITULO 00A

Adopte la Mentalidad de Diferenciarse y Construya su Marca en Pro de Sí Mismo

"Consigue un trabajo que ames, así nunca trabajaras / No trabajes en un sitio donde la risa sea algo raro / Todo el mundo tiene la oportunidad de ser una marca que valga la pena resaltar"

-Tom Peters, management guru

{*Si aquí todo le suena familiar es porque lo es, se llama* **Branding** *pero no se trata de un producto corporativo, se trata de* **Usted**! *En el ´Branding Personal´ no se requiere $$$, se requiere de si mismo.* Es su propia campaña & su propio anuncio / usted ya es una marca, derrumbe los mitos. **No se vuelva facilista*** *Cuando subimos una rampa no nos detenemos a descansar, avanzamos en movimiento perpetuo hacia las metas. Esto no es más difícil si se hace una rutina regular.* *No vuelva su rampa una escalera eléctrica}

4 PRINCIPIOS de la mentalidad de Marca Personal

- ✓ Represente Algo
- ✓ Sea su propio Jefe (el "CEO" de su propio futuro)
- ✓ Olvide la Escalera (es una "RAMPA")
- ✓ Piense como una Marca

!

CONSEJO:
Sea usted mismo (pero autentico…)

"La marca es el parque de diversiones y el producto es el souvenir"
-Nick Graham

{*Las personas se sienten atraídas por sus marcas.*
La elección de una marca habla de su "Marca Personal".
QUE DICEN SUS MARCAS DE USTED? (Coca Cola o Pepsi, Madrid o Barcelona,) Si usted trabaja en una organización, quiere que su jefe, RRHH y/o reclutadores lo elijan a usted. Y si usted está operando su propio negocio, quiere que sus clientes lo elijan a usted. Que lo busquen.
AQUÍ ES DONDE ENTRA LA MARCA PERSONAL!}

5 MITOS del Branding Personal

MITO 1: El Branding es solo para Empresas Grandes (y productos en supermercados!)
REALIDAD --> Cada cosa, lugar, organización o persona puede ser una marca

MITO 2: El Branding es la última moda (!)
REALIDAD --> Antes de la era industrial ya se usaba `branding´ en el año 1288

MITO 3: El Branding es un logo (y/o un lema)
REALIDAD --> Es la suma de las acciones, las comunicaciones, ofrecimientos e interacciones de una organización / persona.

MITO 4: El Branding es crear una imagen ( )
REALIDAD --> La marca es a una compañía lo que la reputación es a una persona.

MITO 5: El Branding requiere una alta inversión (MUCHO DINERO)
REALIDAD --> Branding es una filosofía; requiere compromiso y consistencia, más que $.

CONSEJO:
Tome Riesgos

CAPITULO 00B

Micro-Intro a las Redes Sociales (para Marca Personal)

INTRODUCCIÓN A LAS REDES SOCIALES: En 1992 dejé de recibir clases de «Computación» porque mi programa curricular en el colegio ya no lo exigía. Había dejado de recibir clases sobre hardware y software y aún seguía odiando los computadores. Al graduarme del colegio, Internet estaba a punto de abrirse globalmente al público. Cuando entré a la Universidad a estudiar Ciencias Sociales, en 1995, había pasado escasamente un año e Internet ya empezaba rápidamente a difundirse, multiplicarse, masificarse, *viralizarse*, pero, solo algunas corporaciones y muy poca gente en la élite de universidades sabía lo que estaba pasando aunque nadie sabía realmente hasta donde llegaría o como; las primeras redes sociales (classmates.com / sixdegrees.com) estaban siendo creadas y lanzadas en ese mismo año. En 1996 abrí mi primera cuenta de correo electrónico (obviamente proveída por los laboratorios de computación de mi Universidad, la Universidad Javeriana) y me suscribí a las primeras listas de discusión e ingresé a las primeras salas de chat con IRC. En 1997 sucedieron dos cosas que cambiarían mi vida y mi trabajo: Ingrese a la más grande organización internacional de estudiantes y abrí mi primera cuenta de correo electrónico gratuita en YAHOO.COM que conservo actualmente modificada como andres.velasquez@yahoo.com (a la cual podía entrar desde cualquier computador con acceso a internet, aunque en la casa no había conexión). Gracias a YAHOO le volví a coger amor a los computadores. No mucho después los buscadores se habían apoderado de Internet y ya empezaba a usar Google esporádicamente. En 1998 empecé a visitar las primeras Páginas Web que existían y a acceder a plataformas que solo funcionaban con Internet, ya entonces era adictivo. Bajé archivos con FTPs (Dropbox estaba a 10 años de distancia) y accedía con extraños y sofisticados protocolos remotos a «servidores» artesanales. En ese mismo año 1998 debido a tareas académicas como mi tesis y exigencias laborales, empecé a usar Word, Excel y Powerpoint. Un año después en 1999, AIESEC lanzaría la segunda versión del primer sistema de gestión de intercambios laborales y una versión temprana muy poderosa de comunidades ONLINE que funcionaba como parte de una Intranet Corporativa / Organizacional; un portal cerrado y exclusivo desde el cual y con el cual gané experticia en lo digital, lo online; en ese mismo 1999 se daban los primeros pasos de lo que se llamaría después Web 2.0. Llegó el Y2K (virus del milenio) y no pasó nada. En el año 2000 estalló la «Burbuja de las .COM» y en este contexto, la Web 2.0 dio paso y vida a lo que empezaría a llamarse en serio «Redes Sociales» / «Medios Sociales». El año 2001 fué como una transición. En el año 2002 se lanzaría Friendster, y, Myspace se convertía en la primera red social de la que todo el mundo hablaba (masiva). Linkedin fue ideada por Reid Hoffman en ese mismo 2002 y lanzada en 2003; en 2003 yo renovaba mi pasaporte por segunda vez y salía de mi país por primera vez, Facebook estaba siendo ideado por Mark Zuckerberg y lanzado en 2004 de manera exclusiva para las Universidades de la Ivy League en US. En el 2004 entraba a trabajar para una Consultora llamada Dale Carnegie (conocida por 2 best-sellers históricos mundiales y de los cuales uno serviría para adaptar un libro representativo de la era de las redes sociales: "How to Win Friends and Influence People in the Digital Age". Al llegar el 2005, en Latinoamérica se extendía Hi5, una Red Social muy poco popular en US y bastante popular en Rumania a donde irónicamente yo llegaba como parte de un proyecto de desarrollo social. Para el año 2006 estaba viajando por Suramérica con un *backpack*, "viví" en Brasil un tiempo corto y ya ahí, entonces era inconcebible vivir, estudiar o trabajar sin internet. Cuando regresé a mi país en el 3r Quarter del 2006, regresé para buscar trabajo y un amigo que llegaba de Europa me habló por primera vez de Linkedin. Sin saber lo que iba a ocurrir, abrí una cuenta esperando encontrar trabajo con esa plataforma. Encontré trabajo pero no por Linkedin. Después del peor trabajo de mi vida salte a trabajar en 2007 en la industria de la comunicación, la publicidad, el mercadeo y el *branding* para una de las agencias de Investigación más grandes del mundo (entonces Research International y ahora TNS) que a su vez hace parte de uno de los grupos de Comunicación Integrada de Mercadeo más grandes del mundo (WPP); en ese año, Facebook se abriría a todo el planeta y, había empezado a llegar a Latinoamérica. En la primavera de 2007 me llegó el mensaje por correo electrónico de un amigo que vivía, trabajaba y estudiaba en Nueva York, en ese mensaje me hablaba de Facebook, me recomendaba abrir una cuenta y me estaba mandando la invitación. Aburrido con la Red Social que usaba, Facebook fue muy refrescante y con Facebook se abrió para mí, para la gente y más tarde también para las empresas, un universo nunca antes visto; Internet se volvió incluso más adictivo. Facebook despertaba interés pero también incredulidades. En Febrero de 2008 vía Facebook en Colombia, se creó uno de los grupos que generaría el movimiento más grande que se había visto en el país en contra de las guerrillas; gracias a Facebook, se convocaron, reunieron y movilizaron millones de personas en todo el territorio nacional para protestar en contra del terrorismo; pocos meses más tarde, Facebook crearía su versión en español. Para otoño de ese 2008 estaba yéndome a vivir, estudiar y trabajar en España por un programa de Postgrado (Master) de la Universidad de Barcelona. En el año 2009 abriría mi cuenta en Twitter y escribiría mi primer «Tuit». En 2010 había terminado mi Postgrado en Publicidad (donde solo por encima se había hablado de «Redes Sociales») y había regresado a mi país para no volver a buscar trabajo, esta vez seria para crear empresa. Me estrellé y me quebré y, en ese espacio de tiempo, el Departamento de Estado de US me becó en un programa llamado Business Fellows, me enviaron a una de las 30 ciudades llamadas Springfield para trabajar en la Cámara de Comercio local (lo que hice con / para ellos no hubiera sido posible sin internet). Para cuando volví con la cabeza más fría pero pensando en mil ideas al final del invierno de 2011, había descubierto que mi vida, trabajo, carrera, negocio o empresa, no podían basarse en lo que venía haciendo con Servicios Profesionales de Investigación. Entré a desarrollar tres portafolios paralelos, CULTURA DE INNOVACION,

CORPORATE BRANDING y REDES SOCIALES. 2012 fué un año de consolidación conceptual de mi propio negocio donde descubriría que los tres portafolios comercializados convergían en un solo portafolio de servicios y productos intangibles basados casi un 100% en la implementación de redes sociales en las empresas para lograr objetivos de posicionamiento y/o ventas. El 2012 fue el año donde descubrí que a partir de esa década, hablar de Marcas Corporativas y Redes Sociales, terminaba siendo lo mismo; eran dos campos en aparente canibalismo cuando en realidad se trata de dos campos inseparables que son o parecen uno solo. Estamos en un punto donde parece que no se pudiera hacer *branding* sin internet o no se pudiera concebir Internet sin intervención (suave o dura) de las marcas. Aunque creadas varios años atrás, yo vine a hacerme consciente de Hubspot o Marketo y Eloqua como empresas y, las prácticas de INBOUND, solamente en el mismo año 2012. El Inbound Mercadeo o Content Mercadeo se han convertido en la práctica estrella (y más fuerte) de Mercadeo en Internet. Se puede decir que es la fusión más lógica de Branding y Redes Sociales. INBOUND. Si, el eslabón entre las prácticas de mercadeo y la implementación de las redes sociales. El 12 de Diciembre de 2012 (121212) recibí como regalo un Libro llamado «The Start Up of You» escrito por el Fundador de Linkedin. Ese libro cambiaría mucho de mi vida presente y mi negocio actual. Descubrí lo robusto y sin embargo dinámico y versátil que podía ser Linkedin. Un mes después de terminar de leer el libro (en 2013) desarrollé una presentación e hicimos el primer *Webinar* sobre Linkedin con la plataforma de la empresa de un buen amigo (Mauricio Duque), devorador de tendencias en tecnología y pionero de los ecosistemas del comercio digital en Latinoamérica. Solo puedo decir que éste libro que usted está leyendo y sobre el cual están escritas estas palabras, tuvo su origen en ese *Webinar* sobre Linkedin de principios de 2013. Solo un poco más de un año después, Linkedin no solo me dió el tema para un libro sino que para finales de 2013, esta plataforma, había alcanzado 300.000.000 de usuarios (una cifra que en el futuro se verá pequeña pero en su momento era una monstruosidad). Actualmente, Linkedin en conjunto con sus adquisiciones Slideshare + Pulse & la creación de la plataforma de Influencers, se convirtió en la plataforma abierta, *premium* de publicaciones y contenido más grande del mundo. Así que, en un mundo comercial donde lo INBOUND está marcando la parada y también los pasos a seguir, Linkedin tiene ya un largo camino recorrido y una poderosa influencia. La Misión de Linkedin es «conectar los profesionales del mundo para hacerlos más productivos y exitosos» y su VISIÓN es «crear oportunidades económicas para cada miembro de la fuerza de trabajo global». Yo creo que Linkedin no se ha equivocado con su Misión y si se mantiene constante y consistente, no se va a equivocar con su Visión. Esta pieza de contenido (libro) que tiene en sus manos o ante sus ojos, no solo ilustrará parcialmente porqué Linkedin va por buen camino, sino que va a empezar a ayudarle a USTED a entender - meterse en el mundo de Linkedin y aprovecharlo para sus esfuerzos de mercadeo.

¿QUE SON LOS MEDIOS SOCIALES?
Los medios de comunicación sociales o simplemente Medios Sociales (social media en inglés), son plataformas de comunicación en línea donde el contenido es creado por los propios usuarios mediante el uso de las tecnologías de la Web 2.0, que facilitan la edición, la publicación y el intercambio de información. Los medios sociales son ricos en influencia e interacción entre pares y con una audiencia pública que es cada vez más «inteligente» y participativa. El medio social es un conjunto de plataformas digitales que amplía el impacto del boca a boca y también lo hace medible y, por tanto, rentabilizable por medio del mercadeo de/en medios sociales.
-Wikipedia

Los Medios Sociales son «un grupo de aplicaciones basadas en Internet que se desarrollan sobre los fundamentos ideológicos y tecnológicos de la Web 2.0, y que permiten la creación y el intercambio de contenidos generados por el usuario»
-Andreas Kaplan y Michael Haenlein

¿QUE SON LAS REDES SOCIALES?

Un Servicio de Red Social es una plataforma para crear Redes Sociales o relaciones sociales entre personas comparten actividades, formación académica, experiencia laboral o conexiones de la vida real. Un servicio de red social está formado por una representación de cada usuario (a menudo un perfil), sus vínculos sociales y una variedad de servicios adicionales. Las redes sociales son servicios basados en internet que permiten a los individuos crear un perfil público, crear listas de usuarios con los que compartir conexiones y ver o cruzan conexiones dentro del sistema. La mayoría de los servicios de redes sociales están basados en la web y proporcionan los medios para que los usuarios interactúen a través de WWW, igual que el correo electrónico y la mensajería instantánea. Los sitios de redes sociales son variados e incorporan nuevas herramientas de información y comunicación, tales como la conectividad móvil, múltiples formatos (Video, Podcasts, Imágenes, Presentaciones,) o canales como blogs.
-Wikipedia

I. DEN. TI. DAD.

CAPÍTULO 01

Invierta en su Descubrimiento Personal y Conózcase a Sí Mismo para Mejorar sus Atributos

"No es normal saber que queremos. Eso, es un raro y difícil logro psicológico"
-Abraham Maslow

¿Quién soy? / ¿Cuál es mi estrategia de Marca Personal? REFLEXION CONECTADA A "TU MODELO DE NEGOCIO"

{ "Definición de Marca Personal"*: Que le gustaría conseguir? - Cual sería su audiencia? - Que elementos de su marca serían favorables o desfavorables - 5 Atributos de Personalidad Claves / Básicos que me Describirían

BENCHMARKING (REFERENCIACION)

(preste atención a las marcas que conoce) "las marcas personales son un trabajo continuo que evoluciona" *¿qué le gustaría que su marca le expresara al mundo?}

Controlar la percepción de su marca personal. Las marcas personales reflejan dos perspectivas: la propia y la de los demás; las personas ´etiquetan´ a otros permanentemente basados en experiencias compartidas o estereotipos. Los calificativos con connotaciones negativas deben corregirse poniéndolos en sus versiones positivas.

!

CONSEJOs:
Haga un «BENCHMARKING» de marcas personales. Averigüe que es «benchmarking»

Adquirir confianza en si mismo. La falta de confianza perjudica la autoestima y reduce la capacidad de comunicación, las dos últimas llevan a desperdiciar oportunidades.

!

CONSEJOs:
Permítase fracasar pero fracase para aprender y ganar confianza>

- Recuerde éxitos pasados.
- Afronte sus inseguridades.
- Recuerde que nadie es perfecto.
- Agradezca lo que tiene.
- Concéntrese en sus cualidades.
- Acéptese y sea consciente de su potencial.
- Encuentre un modelo de conducta que le de confianza.

Perseverancia.
Una marca personal impulsada por la confianza nos hace más dispuestos a realizar un esfuerzo extra para venderla.

!

CONSEJOs:
Superar Obstáculos pensando en la Excelencia. Considere estos pasos>
Márquese objetivos

- Escoja el momento clave
- Prepárese
- Sea Tenaz
- Cree situaciones en las que todos ganen
- Capte las indirectas de quien «no quiere».

"vamos donde está nuestra visión"
-Joseph Murphy
(autor de
The Power of Your
Subconscious Mind)

Declaracion
¿Qué es una declaración?

{ }
Objeto principal de la fase `Extraer´ (Definir):

- *Vision*
- *Propósitos*
- *Metas*
- *Valores*
- *Pasiones*

Articular su Visión y sus Propósitos

¿Cómo articularía su Visión y sus Propósitos?

!

CONSEJOs:
Considere los escenarios posibles, vealos holisticamente ("The Bigger Picture").

Clarificar sus metas
¿Tiene sus metas claras?

!

CONSEJOs:
Escribir o imprimir sus metas y publicarlas donde se vean todos los días, (Ex.: en el espejo del baño o encima del teléfono de la oficina)

Identificar sus pasiones y valores

¿Cuáles son sus pasiones y valores?

!

CONSEJOs:
Para entender mejor sus valores, piense cuando ocurre algo que le molesta y pregúntese por qué le molesta tanto; lo más probable es que uno de sus valores está siendo violado.

CAPÍTULO 02

Consiga una Identidad Visual

"Las personas son `sorprendentemente agudas´ para adivinar la personalidad de otro observando su trabajo"
- Samuel Gosling
(Psicologo)

¿Qué cree que es un vocabulario visual?
VOCABULARIO VISUAL

{Sistema `on-brand´:
**Tipografía,
Artwork,
Logos,
Slogans y Taglines,
Layouts,**

...aplicados a través de vehículos de comunicación:
**Papelería,
Perfiles de Medios Sociales,
Etc,**}

Desarrollar su Sistema de Identidad

¿Qué cree que es un sistema de identidad?

Si usted no es un diseñador gráfico, trabaje con alguien que pueda traducir sus cualidades únicas en un diseño visual de marca para llegar a su público objetivo.

!

CONSEJOs:
Si usted asiste a un evento en donde está presente un/a fotógrafo/a profesional, pregúntele si el/ella puede sacarle una buena toma.

Implementar su sistema de Identidad de Marca
¿Quién podría ayudarle a implementar un sistema de identidad de marca?

Si usted no es un diseñador gráfico, trabaje con alguien que pueda traducir sus cualidades únicas en un diseño visual de marca para llegar a su público objetivo.

!

CONSEJOs:
Una vez que ha seleccionado cuidadosamente cada elemento de su sistema de identidad de marca, cree una guía de uso para referenciarse al crear nuevos materiales.

CAPITULO 03

Micro-Intro a Linkedin como Red Social y Micro-Intro a Linkedin para Marca Personal

INTRODUCCIÓN A LINKEDIN: Al momento de escribir esto, Linkedin había reportado como «Milestone», más de 300 millones de usuarios activos (1,1). Si se tratara de un país, Linkedin tendría el mismo tamaño poblacional aproximado de los Estados Unidos, que es actualmente la tercera nación más grande del mundo, solo India y China serian significativamente más grandes.

¿Quién usa Linkedin?*
+ de 250.000.000 de Profesionales (+ del 60% están fuera de US)
+ de 25.000.000 de Estudiantes y Recién Graduados
+ de 2.5 Millones de Empresas y + de 100 Industrias
+ de 50.000 grupos de egresados de escuelas de negocios

*Ejecutivos de las empresas más grandes del mundo.

IMPACTO EN LOS MEDIOS ACTUALES Y MÉTODOS TRADICIONALES

Las tasas de circulación de periódicos están en declive (1,2), y la mayoría de los anuncios de la televisión ya no son tan rentables. Linkedin ha logrado una audiencia mucho más precisa, especializada y sofisticada y en algunos casos, más grande que los viejos medios. Eso por sí solo ha sido suficiente para convencer a algunos de que es el lugar ideal para probar una nueva mezcla de mercadeo. Si necesita más, considere la enorme cantidad de información profesional que los usuarios le ponen al sitio y, por lo tanto, los anunciantes.

Linkedin le provee a las marcas nuevas maneras de dirigir anuncios con más eficacia que nunca y posicionarse con mejores niveles, a los vendedores, nuevas opciones para generar prospectos, a los reclutadores más información para decidir sobre el mejor talento, a los emprendedores, oportunidades de innovar y desarrollarse, a los ejecutivos, una forma más inteligente de actuar en los negocios, a los estudiantes, más opciones de carreras, a los independientes, más oportunidades. Y, ¿la mejor parte?; toda la información ha sido ofrecida voluntariamente por los usuarios.

GRANDES MARCAS / GRANDES EMPRESAS EN LINKEDIN

Las compañías más grandes, las marcas más reconocidas y sus ejecutivos estrella, ya son nativos de Linkedin, lo usan para sus actividades de trabajo y lo aprovechan para engancharse con grupos objetivos o comunidades de la forma más rentable diseñada hasta ahora en una red social. Coca-Cola tiene cerca de 1 millón de seguidores en su ecosistema de Páginas de Empresa (esto puede parecer un número pequeño comparado con el número de Fans de Coca-Cola en Facebook, pero, hay que recordar que el perfil de la gente en Linkedin siempre es de personas que trabajan o que están en función de sus carreras o sus empresas, ese es un nicho «premium» de usuarios de redes sociales). Gigantes como LEGO, postean en Linkedin menciones de prensa que mantienen viva la reputación como compañía y como marca. Pero eso no es todo, también impulsan su Marca Empleador a través de los Tabs de Carrera desde lo cual conectan con todo el embudo de reclutamiento de la compañía. SAP, la corporación multinacional Alemana que hace software empresarial para administrar operaciones de negocios y relaciones con clientes, hace presencia en Linkedin como una alternativa para integrar funciones tanto de CRM como de ERP.

¿CÓMO USTED PUEDE Y DEBERÍA USAR LINKEDIN?

Incluso «pequeñas marcas» pueden entrar en la acción en Linkedin. Interlat (1,3) contaba al momento de estas líneas con 333 seguidores que se han ido construyendo poco a poco con voz a voz, publicaciones directas en Linkedin y comunicación multiformato o actividades con plataformas cruzadas. Los Hoteles Sofitel a pesar de ser una «marca grande» no tiene actividad en Linkedin aunque si tiene una página de empresa creada con más de 300.000 seguidores a 2013, lo que significa un nicho especializado aun por aprovechar... imagínenlo. Ahora USTED, si no está en Linkedin, tiene que ponerse al día para evitar no aparecer o no ser notado o estar fuera de contacto. Si sus competidores aún no están o no están utilizando Linkedin, ya usted estará ganando puntos importantes con su público por estar en «primer lugar».

CREAR CONTENIDO VALIOSO

Si se utiliza correctamente, Linkedin puede ser definitivamente una extensión de su marca, lo que ayuda a presentar la misma personalidad, tono y cara visual como lo haría en cualquier otro material o formato. Tómese el tiempo para pensar acerca de por qué usted y su marca quisieran participar en Linkedin y lo que espera lograr con ello. Pero no se detenga allí. Piense en su público, en especial el segmento de su audiencia en Linkedin. Linkedin es un canal altamente especializado y con contenido de calidad superior. Cada pieza de contenido que usted publique va a llegar a un alto porcentaje de su público objetivo. Cada posteo debe ser específico para su página de Linkedin. Sea breve y relevante. Tenga claro lo que quiere lograr de su público objetivo con lo que publique.

La mezcla de mercadeo digital-online en Linkedin puede llegar a ser increíblemente rentable, especialmente en comparación con alternativas en medios comerciales o de negocios tradicionales en las que se invertían mucho tiempo, personas y dinero. Los usuarios de Linkedin «secretamente» esperan que usted pueda escuchar lo que están buscando (y en realidad actuar y no solo escuchar). A los nativos de Linkedin les interesa el contenido constante y actualizado para seguir estando en su radar. Linkedin ofrece un sinnúmero de aplicaciones, suites, herramientas, opciones, plataformas, sitios para enganchar clientes potenciales o talento potencial que hace parte de la marca empleador. Por ejemplo, los vendedores y reclutadores pueden aprovechar las soluciones de talento, ventas y en generacion de negocios (ej.: «Targeted Ads»), grupos & eventos. Esto, también genera métricas (Insights) para entender mejor la información basada en la actividad y datos demográficos (1,4). Este libro puede ser una guía a través de todo esto y más, para ayudar a crear campañas efectivas y con resultados.

¿PORQUE MI EMPRESA NECESITA A LINKEDIN?:
Desde que las redes sociales vieron la luz, el mundo de los negocios, las relaciones se han hecho más importantes que nunca y, eso pasa porque mucha gente se quiere desconectar de lo que es irrelevante en lo promocional. Los consumidores quieren enfocarse, engancharse y comprometerse con las organizaciones que se centran en el intercambio de información y el contenido útil y relevante. Con las organizaciones que informan y se dedican no son sólo a vender sino a la construcción de relaciones. LinkedIn es una plataforma que permite a los mercadologos forjar Números, Resultados con estos profesionales. No es de extrañar que LinkedIn se haya convertido rápidamente en la plataforma de publicación de contenido para vendedores inteligentes.

Una encuesta de Usuarios de LinkedIn encontró que LinkedIn es considerada la red social más efectiva para la entrega contenido B2B, y, la investigación, llevada a cabo por Investis IQ2 encontró que LinkedIn es la principal red social para dirigir el tráfico a sitios web corporativos.

APROVECHE LAS POTENTES ALTERNATIVAS PARA MERCADEO

LinkedIn ofrece una tremenda oportunidad para la gente como usted, si se centra en la construcción de su marca o generación de clientes potenciales. Tanto las soluciones que son pagadas como las alternativas que son gratuitas, permiten orientar sus mensajes e interacciones con el público adecuado, publicar contenido que se conecta con la audiencia, y ampliar la participación dentro y fuera de la red. Como Linkedin es una red de profesionales masiva, actúa como plataforma de publicación de gran alcance. Linkedin ayuda, por ejemplo, a vendedores que se involucran directamente con los miembros de LinkedIn con contenidos y experiencias que son profesionalmente relevantes. Piense en esto como "publicar con un propósito". Al usar Linkedin para construir relaciones, se alcanza un amplio rango de objetivos de Mercadeo: CREAR CONCIENCIA, INCREMENTAR CONSIDERACION Y PREFERENCIA, LLEVAR TRAFICO Y ATRAER PROSPECTOS, CONSTRUIR COMUNIDAD, CREAR DEFENSORES DE MARCA. Lleve a cabo tanto el BRANDING como la generación de prospectos en Tandem para mayor efectividad.

"TARGET"
Diríjase con precisión a cada audiencia de calidad

"PUBLISH"
Publique contenido relevante en un contexto profesional

"EXTEND"
Extienda con «compartir Social» y lleve tráfico

EXPANDIR REDES A TRAVÉS DE INFLUENCIADORES

Linkedin hizo posible para cualquier miembro la posibilidad de seguir un grupo exclusivo de Influencers. A partir de ejecutivos de NIVEL C (Ex.: CEOs) y los empresarios o los líderes del mundo y filántropos, estos influenciadores contribuyen con ideas únicas de negocio y con «chispa de reflexión» sobre las discusiones sobre una serie de cuestiones. Esto sucede a través de impulsos de contenido, el programa de Influencers es una fuente verdaderamente original de contenido. Pero lo más importante, es la intención de inspirar, informar y hacer mejores mercadologos y vendedores. Los Influencer siguen creciendo y Linkedin añadió líderes de pensamiento, de inspiración. USTED puede trabajar directamente con cualquiera de estos Influencers, ya sea por "Gusto", una oportunidad concreta o saltar a una conversación sobre una publicación. Por otra parte, a través de los comentarios, se puede responder a mensajes de uno de esos influyentes para iniciar conversaciones y debates con otros que leen los posts. Se puede mencionar a otras personas que hacen parte en un debate y recibir notificaciones cuando los comentarios han recibido una respuesta. Interactuar con influenciadores es una excelente forma de hacer networking natural y orgánico que beneficie esfuerzos de mercadeo tanto personales como empresariales.

EXPANDIR EL ALCANCE CON PUBLICIDAD

Mediante la combinación de alcance masivo con focalización precisa, LinkedIn a través de las soluciones publicitarias permiten a las personas de mercadeo en las empresas:

• Involucrar a su grupo objetivo entre los más influyentes y «educados» que rondan los medios sociales.
• Aumentar la conciencia, la credibilidad y el impacto a través del poder de prueba social
• Dirigir el tráfico y clientes potenciales a su sitio web.

Las alternativas publicitarias de Linkedin aunque visiblemente más costosas que el resto, pone tecnología de punta a disposición para ayudar a alcanzar resultados con…
• Display Ads
• Sponsored InMails

LinkedIn Display Ads
A través de los anuncios de LinkedIn se puede llegar a un público profesional en un contexto en el que buscan activamente consejos y recomendaciones de marcas y empresas. Todos los formatos de LinkedIn Display Ads permiten aprovechar la profundidad única de nuestros Perfiles y Páginas con información, ofreciendo orientación por sector, función de trabajo, antigüedad, ubicación y más: un enfoque específico que impulsa la participación, pertinencia y respuesta.

...hacer PRESENCIA:
No puede realmente hacerse mercadeo de algo que no existe, o por lo menos, suena ridículo, es por eso que lo mínimo que debe garantizarse en Linkedin para hacer mercadeo es la PRESENCIA, de una persona, una empresa, una marca, un producto, un portafolio, etc

...construir IDENTIDAD:
Se trata del resultado de muchos factores y muchas acciones, no puede haber identidad sin existencia pero tampoco es sencillo construir identidad sin comunidad o contenido; la IDENTIDAD es clave en el inicio de la monetización de un producto o servicio a través de Linkedin, porque, es lo que nos permite empezar a ganar reputación, y, a través de esta, confianza.

...crear COMUNIDAD:
Es básico entender que hay cosas que validan la identidad y el contenido, por eso, se trata de un ingrediente clave en el mercadeo en general, en las redes sociales y evidentemente, también en Linkedin; crear COMUNIDAD es un proceso largo, casi tan largo como el proceso de construir identidad, se trata de un catalizador fundamental, hay que ser constante, consistente, coherente y paciente.

...fortalecer REDES:
Parece redundante hablar de redes en el contexto de una Red Social, pero, el asunto es que las orgánicamente, estas, no se fortalecen solas, hay que impulsar a las personas y a las empresas en función de cada una, para que las REDES se hagan más robustas, más «espesas», que haya verdadera fuerza de conexión entre los participantes de una comunidad, incluido Linkedin.

...desarrollar CONTENIDO:
Las máquinas necesitan combustible, el de la máquina de mercadeo en Linkedin es el CONTENIDO y, a través de este, el conocimiento; si bien es valioso solo curarlo, es mucho mejor desarrollarlo desde cero, es esa perspectiva, mezclar con la ideación puede derivar en resultados interesantes, valiosos y efectivos, la referenciación apoya además la identidad y las comunidades.

...calendarizar PUBLICACIONES:
El calendario editorial en Linkedin es lo que le daría estructura, orden, dinámica y disciplina a la presencia, la identidad, la comunidad, las redes, y el conocimiento. El contenido se refleja en PUBLICACIONES, la estrategia + táctica detrás de esto se ve representada en lo que llaman Cronopost.

CAPITULO 04

Básicos de los Perfiles en Linkedin

BASICOS DEL PERFIL DE LINKEDIN: Un perfil es una representación digital de un usuario de Linkedin. Los perfiles deben ser una cosa de orgullo para los usuarios frecuentes de Linkedin; son una extensión de la «personalidad», la identidad profesional, de carrera y de negocios. Los perfiles de Linkedin son el corazón de Linkedin, son el cómo los usuarios comparten cosas con su grupo de conexiones profesionales. Para los vendedores y reclutadores el perfil es donde todo comienza. Para llegar a involucrar a contactos claves, usted como usuario de Linkedin debe saber lo que hacen y también aprovechar bien el sitio. Los más valiosos usuarios de Linkedin son los que proporcionan calidad de información y tienen conexiones inteligentes o estratégicas. El usuario promedio puede tener aproximadamente 200 contactos; pero hay que pensar en el potencial de algunos influenciadores. El mantenimiento del perfil requiere tiempo y energía para mantenerse y mantenerlo fresco, profesional, y RELEVANTE para los amigos (y, por supuesto, para vendedores o reclutadores como usted). Ya que Linkedin no gana usuarios esporádicamente sino consistente y constantemente por minuto, hora, semana, mes o año, es necesario apreciar la dedicación y apertura que se necesita para crear un perfil «ALL-STAR» de Linkedin, y, debido a que los propietarios de estos perfiles pasan tiempo precioso para obtener buzz, clicks o ventas, reclutados y resultados, la mejor manera de entender y apreciar estos usuarios de Linkedin y sus perfiles es crear el suyo propio, AHORA!

¿QUÉ ES UN PERFIL DE LINKEDIN?

Un perfil de Linkedin es la forma como los usuarios individuales se representan a sí mismos con su fase de carrera, imagen profesional en el sitio (2,1).

Típicamente contiene información sobre la experiencia de trabajo, formación académica, habilidades, recomendaciones; en algunos espacios, intereses del usuario en influencers o compañías que son referentes de la industria. Está también conectado a cualquier Página de Linkedin que les gusta, grupos temáticos o de eventos y marcas preferidas en cualquier categoría u otras personas conectadas a empresas, marcas, actividades más otros contactos CLAVE!. Linkedin es gratuito pero su modelo de negocio alienta a que los usuarios suban su categoría para acceder a información y tarifas privilegiadas en acciones de reclutamiento, ventas y desarrollo de negocios B2B o gestión de información para apalancar áreas o departamentos de Mercadeo (principalmente) y de Talento (complementariamente). Cuantos más usuarios hayan generado o buscado oportunidades, más empresas o individuos tendrán acceso a oportunidades u opciones; cuanto más datos se proporcionen libremente, más potencial de ingresos hay para el sitio y para sus usuarios, por supuesto. Aunque hay personas con ideas erradas sobre la privacidad en Linkedin, muchos usuarios son bastante abiertos con su información, y, es que Linkedin es una Red Social Limpia, Libre de Basura, Segura y sobretodo que genera, inspira y alienta a la gente a construir redes basadas en la CONFIANZA. Algunos usuarios en distintos niveles manifiestan preocupación por los problemas de privacidad que se originan de información pública, en particular respecto a que Linkedin por su naturaleza de red social, busca cada vez ser más abierto / dinámico. Hay muchas maneras de controlar la invasión de la privacidad en Linkedin pero la más común y recomendada, es por supuesto BLOQUEAR y/o REPORTAR perfiles dañinos, a los cuales, Linkedin como empresa (no como máquina) da respuesta efectiva con advertencias claras de comportamiento en red y «netiquete». Aunque hay que ser generoso con crecer nuestras redes integrando profesionales de perfiles variados para que sea más enriquecedor, también hay que tener muy claro cómo actuar con personas que se vuelvan un problema para nuestra reputación o que puedan potencialmente hacerle daño a Linkedin como plataforma o empresa. Las generaciones más jóvenes aunque personalizan más su información, están satisfechos al compartir detalles de sus carreras o emprendimientos, pues, entienden y valoran que esto significa una experiencia más profesionalizante que es útil al aprovecharse de la conexión con las marcas o empresas que conocen y admiran.

¿PERFILES DE LINKEDIN OPTIMIZADOS PARA NEGOCIOS?

La intención original de Linkedin (con algunas adaptaciones a presente y a futuro) era ser una red social para los profesionales. Inicialmente, Linkedin «hacía su red profesional, más rápida y más poderosa», luego (ahora), Linkedin «conecta a los profesionales del mundo para que puedan ser más productivos y exitosos», después, el enfoque será que Linkedin, «crea oportunidades económicas para cada miembro de la fuerza de trabajo global». Durante una época, digamos hasta 2008, Linkedin estaba concentrado netamente en profesionales pero simplemente se fue ampliando orgánicamente a cualquier persona en ámbitos empresariales, de negocios, de trabajo. Aunque su nicho más rápido de crecimiento es el de los estudiantes en últimos años universitarios y jóvenes graduados, Linkedin ha crecido significativamente entre emprendedores, ejecutivos de Mercadeo, Talento, Ventas y Reclutamiento, así como consultores y freelancers en un rango amplio de disciplinas. Aunque Linkedin es trans-generacional, la Generación X es mucho más activa (parece obvio que sea así). Linkedin siempre ha mantenido ciertas reglas para marcas y empresas.

Una regla que muchos comerciantes encuentran frustrante es la distinción que Linkedin hace entre los tipos de usuarios y cómo se da esa distinción a los perfiles, las páginas, las aplicaciones y soluciones empresariales o de negocios. Una cosa es un perfil optimizado para negocios y otra muy diferente una Página de Empresa. No es recomendable (de hecho es un error) tener un «perfil de empresa», esto último, es en principio una contradicción, pues, los perfiles están diseñados para individuos y no para organizaciones.

Sí es recomendable sin embargo para quien pueda hacerlo con un dominio propio, tener una Página de Empresa como «Marca Personal» (persona pública o celebridad). Las Páginas de Empresa de Linkedin son muy poderosas pero usualmente desconocidas, ignoradas, abandonadas, poco utilizadas - mal utilizadas, incoherentes o inconsistentes respecto al contenido publicado, pero eso no es culpa de Linkedin, es problema de los usuarios. Una marca relevante, por ejemplo, merece una página independiente que haga parte del ecosistema de comunicación de mercadeo de una empresa pero no se debería abrir un «perfil para una marca», a no ser que se trate de una «mascota» y que esté alineado a una campaña específica (esto no es común de cualquier manera). Uno de los fuertes legados de Linkedin es apalancar acciones de branding bien con PALABRAS CLAVES o MEDIOS ENRIQUECIDOS, o, con anuncios. La información de contacto es un ingrediente básico en el proceso de «venta», por eso, llenar todos los espacios de información de contacto, es al tiempo táctico y estratégico. Los perfiles, bien solos o «conectados» a las Páginas de Empresa a través de administradores o profesionales que mencionen o seleccionen la empresa en sus perfiles, están vinculados de nuevo a cada acción en Linkedin, de esta forma, alguien siempre se puede hacer responsable de cada interacción y de las piezas de contenido que aparecen en el sitio, así como de la reputación que se deriva de esto.

«SECCIONES» DEL PERFIL DE LINKEDIN (I)

FOTO: Nunca deje un perfil sin foto (y, en Linkedin SIEMPRE debe ser una foto formal), para algunos no es importante pero aunque no parezca o aunque no se crea, referencias en sondeos han mostrado que un número significativo de usuarios rechazan contactos potenciales por falta de foto. Un avatar temporal no está mal, pero no debe ser permanente.

NOMBRE: Debe ser completo y claro, Linkedin no es idónea para sobrenombres o nombres artísticos a no ser que se trate de figuras públicas o celebridades en casos especiales.

ENCABEZADO: Debe ser atractivo y descriptivo y ojala nunca dejarlo vacío pues un buen headline captura prospectos.

LOCACION Il INDUSTRIA: Opcional pero recomendable

INFORMACION DE CONTACTO: Llene TODO lo que le pidan. En Linkedin, dejar espacios sin llenar puede ser una oportunidad perdida.

«SECCIONES» DEL PERFIL DE LINKEDIN (II)

BACKGROUND
Habilidades y Ratificaciones (Skills & Endorsements). Ponga todas las Habilidades que Linkedin le permita y pida el máximo de ratificaciones posibles.

Extracto (Summary)
Un extracto puede ser la diferencia entre ser llamado para una cita / presentación de ventas y/o ser descartado de inmediato como proveedor o consultor.

Experiencia (Experience)

Haga énfasis en su trabajo actual y en sus trabajos anteriores más significativos o que más le ayuden a impulsar lo que hace actualmente.

Educación (Education)
Ponga TODO lo que haya estudiado a cualquier nivel, si en algún lugar de Internet esto es completamente relevante es sin dudas en Linkedin.

«SECCIONES» DEL PERFIL DE LINKEDIN (III)

OTROS
Idiomas
Si es nativo en Español, fluido en Ingles, recibió clases de Francés, estuvo en Italia, vivió en Brasil y eso se refleja en diferentes idiomas en distintos niveles, déjelo saber, nunca se sabe quién pueda considerar esto como un punto extra.

Organizaciones
Manifestar cuales son las organizaciones que usted apoya, dice mucho de estilo empresarial y enfoque profesional, así que no lo deje como un campo vacío.

Voluntariados & Causas
Ser o haber sido voluntario de una ONG internacional es tan importante como haber trabajado para una multinacional. No deje que algo valioso pase desapercibido.

Cursos
Los cursos son en algunos casos más relevantes por su especificidad que un Postgrado. Dígalo.

Certificaciones
Si parte de su proceso de venta como individuo o representante de una organización, depende que usted sea certificado por SAP, ADOBE, HUBSPOT, SALESFORCE, GOOGLE, FACEBOOK o LINKEDIN, escribirlo en su perfil puede que no le ayude en primera mano pero quizás le ayude en segunda mano.

Puntajes en Pruebas
En algunos países, contextos o momentos, resultados como los de un TOEFL, SAT, GMAT, deben poder hacerse públicos para algunos procesos. Tal vez más para procesos de carrera que comerciales pero obtener puntajes satisfactorios no deja de ser relevante.

Honores & Premios
¿Le dieron una medalla, un diploma o una felicitación publica en bachillerato, el ejército, la universidad, un postgrado o en su trabajo?. Si le daba pena o no sabía dónde eso cabía, Linkedin le abre un espacio para hacerlo siempre y cuando ayude con metas comerciales o de carrera.

Proyectos
Las palabras claves ayudan al posicionamiento natural en buscadores. Si está en proyecto relevante o va a estar en un proyecto relevante anúncielo.

Publicaciones
¿Ha publicado algo?. Regístrelo y muéstrelo.

Patentes
¿Ha inventado algo?. Dígalo y demuéstrelo.

Información adicional >Interés, Detalles Personales, Consejo para ser contactado.
Siempre nos hace falta espacio para poner eso de lo que no nos acordamos o que es importante pero no prioritario, bueno, eso va a aquí. En todo caso, siempre, manténgalo relevante.

«SECCIONES» DEL PERFIL DE LINKEDIN (IV)

RECOMENDACIONES ☐ Las recomendaciones actúan no solo como una herramienta de comunicación y "garantía de calidad" personal en el ámbito profesional sino que son piezas de contenido especiales que ayudan a fortalecer el proceso de carrera o el proceso comercial. Téngalo presente.

CONEXIONES ☐ Las conexiones son el corazón del networking y uno de los ingredientes claves de éxito en Linkedin en cualquiera de sus aplicaciones, incluyendo claro, cualquiera de las acciones de la mezcla de mercadeo.

GRUPOS ☐ Aunque hay que reconocer que los grupos como "concepto" u "objeto" de interacción en las redes sociales son más divertidos y dinámicos en Facebook, en Linkedin adquieren una fuerza especial orientada a la innovación y el co-working, convirtiéndolos en piezas fundamentales de la construcción colectiva y la creatividad corporativa si se usan apropiadamente en tareas, actividades, proyectos, programas, campañas, equipos, áreas, departamentos relativos a la comunicación integrada de mercadeo.

FOLLOWING ☐ Seguir personas, noticias, empresas, universidades se vería como un acto impulsivo, mecánico e inútil en cualquier red social menos en Linkedin .
Influencers: Son individuos seleccionados o autorizados por Linkedin para hacer publicaciones de contenido, bien por su relevancia global o local como por su reputación. Vale la pena seguir varios.
News: Siempre hay que estar bien informado pero si se trabaja en los negocios y son noticias de negocios el panorama de seguir una noticia es mucho más significativo. Linkedin es actualmente uno de las plataformas de publicación de contenido más importantes del mundo a partir de esto.

Companies: Todos tenemos marcas que deseamos y empresas que admiramos, bien para poseer sus productos o para referenciarnos de sus prácticas. Seguirlas es un placer pecaminoso que créanlo o no da frutos gracias al algoritmo de Linkedin.

Schools: Reconózcalo, hay universidades y escuelas de negocios que secretamente desea o deseó para pregrado o postgrado. Con Linkedin for Education (Youniversity), las Universidades y sus escuelas están más conectadas que nunca con los profesionales del mundo de los negocios y las empresas.

CONFIGURACIÓN DE UN PERFIL DE LINKEDIN

Además del hecho de que se necesita al menos un perfil «escueto» configurado para todos los esfuerzos de mercadeo en Linkedin, también se puede usar el perfil como una especie de caja de arena para probar diferentes funciones/funcionalidades de Linkedin o sus características. La creación de su propio perfil le ayudará a entender los perfiles desde la perspectiva del usuario. Se necesita saber qué es lo que los usuarios ven, hacen, como lo hacen, y que les gusta o disgusta del sitio con el fin de entender lo que funciona (y lo que no) en el mundo del mercadeo en Linkedin.

INFORMACIÓN BÁSICA

Los usuarios deben proporcionar un nombre y dirección de correo electrónico (además de información demográfica muy básica) para registrarse en Linkedin; casi todas las demás piezas de información son opcionales o en algunos casos simplemente no activarla, pero una vez activada, no es posible inactivarla.

El perfil básico incluye información que requiere pensar muy poco, lo que mencionábamos como demográfica básica y similares. Aunque hay campos obligatorios, muchos pueden simplemente no ser llenados.

EXTRACTO

Haga lo que haga, nunca deje el Summary (Extracto) en blanco o limitarlo a unas pocas frases sin sentido. Esta es su oportunidad de ser creativo y describir lo que es y lo que le apasiona. ¡Hágalo personal!, aunque también se detallan los principales logros que no quiere que nadie se pierda. Puede parecerle que no tiene nada que ver con el mercadeo en Linkedin, pero considerando que las marcas personales son las que hablan por las marcas corporativas, debería pensarlo de nuevo y pensarlo bien.

EXPERIENCIA & EDUCACIÓN

Linkedin de forma natural y orgánica ha ido dejando de centrarse exclusivamente en «profesionales titulados» y más en cualquier persona que haga parte de la fuerza de trabajo mundial. Linkedin se ha hecho mucho más diversa con respecto a la demografía, geografía y psicografía de sus usuarios. Las secciones de estudio y trabajo han ido evolucionando poco a poco para concentrar una base de miembros auténticamente diversa, que, es finalmente donde surgen las oportunidades tanto para personas como para empresas. Linkedin no tiene un límite para experiencia de trabajo o formación académica porque Linkedin (aunque erróneamente se toma por un Curriculum Vitae) no es un Curriculum Vitae sino una plataforma que contiene información que en algunos casos se usa para tal propósito.

Linkedin y sus voceros son enfáticos al decir que la vida y el trabajo están unidos y que en ningún caso, ninguno de los dos (vida o trabajo) se pueden mostrar solos o separados en una línea rígida de eventos históricos sino más bien como un lienzo que se puede/debe ir modificando en la medida en que se van dando experiencias o formación. TODO lo que se estudia o en lo que trabajamos es significativo en algún momento de nuestras vidas y nuestros trabajos y cada pequeña acción puede ser determinante en el futuro de las oportunidades de negocios. Linkedin o mejor dicho, el algoritmo de Linkedin, utiliza esta información para buscar información relevante para el usuario y sus propósitos dentro del sitio. Hay un vínculo fundamental con las acciones de mercadeo desde el perfil y es que, si la empresa para la que una persona trabaja o la institución en la que alguien estudia, tiene una página en Linkedin, los campos de edición van a buscar, pre-cargar y mostrar por nombre completo (palabras claves o metatags) las alternativas de empresa por nombre. Al seleccionar la correspondiente y asumiendo que dicha Página tiene un buen estado, no solo va a desplegarse el NOMBRE DE ORGANIZACIÓN o MARCA direccionado con un vínculo a la Página en Linkedin, sino que va a mostrase el LOGOTIPO, también vinculado a la Página en Linkedin. Esta es una opción que pocos conocen, descubren, usan u optimizan y es estratégico, táctico y significativo. Las cajas de descripción hay que llenarlas, no solo para aprovechar los espacios «vacíos» que sirven para hacer comunicación de marca o comunicación comercial poniendo PALABRAS CLAVES que son uno de los «combustibles de las redes sociales, sino también cargar MEDIOS ENRIQUECIDOS a manera de archivos o vínculos que son lo que contribuyen al mercadeo de contenido. Los desplegables, si bien no son tan poderosos como los MEDIOS ENRIQUECIDOS y las PALABRAS CLAVES, es mejor usarlos que dejarlos vacíos. Recuerden que el reclutamiento es en si mismo un ejercicio de mercadeo y ventas cuyo enfoque no es vender un producto o un servicio sino promover y posicionar «Marcas Empleador», por eso, cada micro-acción en una red social como Linkedin afecta el ecosistema de mercadeo tanto como de Recursos Humanos en un ejercicio comunicacional integrado. Considerando que cada vez más empresas y personas recurren a Linkedin para conseguir trabajo o conseguir nuevos talentos, esto es una oportunidad de oro para llegar a nichos especializados en el mercadeo y venta de productos o servicios.

SEGUIR INFLUENCERS, NOTICIAS, ORGANIZACIONES Y ESCUELAS

Los «gustos funcionales» manifiestos en Linkedin, diferente a los likes de Facebook que tienen un énfasis más inclinado al entretenimiento, es que son orientados a la información. Mientras que en Facebook los usuarios siguen cualquier cosa especialmente porque les gusta, en Linkedin, lo que seguimos es porque nos sirve. En ambos casos, el gusto no excluye la utilidad y viceversa pero la naturaleza propia de cada red social determina el énfasis de lo que seguimos. No es lo mismo seguir a Nike en Facebook que seguirlo en Linkedin y sería muy raro buscar y encontrar películas o series de televisión en Linkedin o igualmente «raro» buscar y encontrar Revistas de Ciencia en Facebook. Pero aunque se diera el caso de encontrar lo mismo en ambos lugares, el matiz de la misma cosa en cada canal/contexto, es diferente por su aplicación: o vida o trabajo, divertido o útil, pasar el tiempo o invertir el tiempo. De cualquier manera es tan sencillo buscar y agregar «objetos del deseo» en Linkedin que en Facebook y en algunos aspectos las plataformas no son competencia sino complementos y así debe verse, como parte de un ecosistema, como parte de la mezcla de mercadeo. Lo interesante y práctico de los Likes en Linkedin (Follows) es que son integrados por el algoritmo de la plataforma no solo para mostrar anuncios sino para generar oportunidades claves de negocios o contrataciones.

Linkedin es una empresa cuya filosofía corporativa y de operación tienen intrínseca la innovación de la plataforma, por lo que permanentemente, se ven pequeños y grandes cambios, no solo en los perfiles profesionales, las Páginas de Empresa y las soluciones internas o externas de negocios sino en plataformas paralelas (este es el caso de Linkedin for Educaction, Pulse, el Blog, Maps o Slideshare entre algunos). Linkedin además es abierta a recibir feedback de los usuarios, pero lo fundamental es que escuchan a la gente e implementan cosas atractivas y útiles. En Linkedin cada cambio es realmente útil y favorable para la carrera de la gente o el desarrollo de negocios y empresarial.

No parece muy claro de parte de Linkedin porque ellos no hablan de «LIKES» sino de «FOLLOWS» cuando al parecer son «lo mismo» pero se trata muy seguramente de formalidad y de diferenciar plataformas. Independiente de esto, con cada «suscripción» se reciben notificaciones que pueden detenerse dejando de seguir lo que se está siguiendo.

INFORMACIÓN DE CONTACTO

Aunque algunos le presten poca atención para el mercadeo o los negocios y otros le den demasiada importancia para lo personal/profesional; la sección de información de contacto es de las más importantes y, mal manejada, es de las más sensibles. Para muchos usuarios puede resultar útil para buscar y conectar con viejos amigos o tomar comunicaciones Si usted es un vendedor, TODA su información de contacto debe aparecer, estar completa y clara, de tal manera que sea parte integral y útil de su comunicación. Fallar en el contacto invalida muchos esfuerzos de captura de contactos o esfuerzos de comunicación. Es útil saber cómo funciona esta sección que si bien no es complicada siempre genera dudas y puede verse intrincada.

Lo que si debe quedar adicionalmente muy claro después de que se ha puesto la información es decidir (no bloquear) que será público o que será solo para los contactos.

El CORREO ELECTRONICO no es solo esencial sino que es mandatorio-obligatorio, pues es entre otras cosas y en algunos casos la única manera de recuperar una cuenta que ha sido bloqueada o «hackeada»; además, es indispensable para registrarse en el sitio y queda registrada esa cuenta por defecto hasta que se modifique. Todo el resto de información es voluntaria o sugerida que puede controlarse para determinar quién puede o no puede verla. Es recomendable cruzar redes sociales poniendo en LINKEDIN urls (https://en.wikipedia.org/wiki/Uniform_resource_locator) de FACEBOOK y TWITTER.

Los ajustes de privacidad que están fuertemente ligados a la información de contacto, permiten dejar completo el perfil y luego adaptar apariencias a determinados grupos o listados.

AJUSTES MODALES Y DE PRIVACIDAD

Junto con la capacidad de agregar y compartir toda esta información en línea, Linkedin también creó formas de mantener algunas secciones de un perfil más privado que otros. Algunas personas ponen barreras que reflejan el trabajo real sólo aceptando contactos que personalmente han conocido. Es la forma más sencilla de compartir lo que se quiere con quien usted quiere, sin embargo, hay que utilizar Linkedin de forma integrada en la configuración de privacidad y las listas de contactos. La configuración de privacidad permite controlar quién puede ver su información de contacto; también permite controlar quién puede ver su información profesional, incluyendo cosas como el día y mes de cumpleaños, estado civil, etc.

Igualmente, permite determinar quién está autorizado a publicar en su espacio, crear etiquetas, hacer menciones o ver su perfil tanto en Linkedin como en los resultados de búsqueda públicos, incluyendo su foto y muchas otras piezas de información más. La configuración de privacidad también permite ver qué «aplicaciones» se están ejecutando en su perfil y ajuste la programación de estas aplicaciones, o bloquear - eliminar aplicaciones antiguas que ya no usa o desea. Para los vendedores, entre más abiertas mantenga sus opciones de privacidad, mayor cantidad de contactos se pueden recopilar o utilizar para su orientación.

GRUPOS Y LISTA DE GRUPOS

Para ajustar la configuración de privacidad más fácil, se puede hacer de forma masiva y asignando un orden al momento de mostrarlos como prioridad. Se hace aún más fácil la administración pensando en ajustes de visibilidad, contactos y actualizaciones. También puede crear excepciones a la configuración para permitir que sólo unas pocas personas puedan ver ciertas partes. Los grupos por su membresía o manera de entrar los miembros se dividen en 2: «Auto-Join» (GRUPO ABIERTO) o «Request to Join» (SOLO MIEMBROS); esto determina también criterios de privacidad fundamentales por lo que hay que tenerlo en cuenta.

APLICACIONES DEL PERFIL

...
...
...

INTERACCIONES EN EL PERFIL DE LINKEDIN

Hay muchas maneras en las que usuarios de Linkedin interactúan con su marca en Linkedin, puede ser a partir de una página, aplicaciones o anuncios. Sin embargo, la interacción usuario - usuario es en realidad un poco más limitada, a pesar de la categorización de Linkedin como una red social. Los Contactos en Linkedin son conexiones de dos vías; es decir que un usuario solicita como contacto a otro usuario y espera la aprobación antes de que puedan compartir o interactuar de una manera significativa. Una vez que la conexión ha sido establecida, los usuarios pueden utilizar para comunicarse toda las funciones que se los permitan, como Mensajes Directos vía Linkedin Inbox, que es básicamente un email integrado a la plataforma pero no hay que escribir la dirección de email para mandar el mensaje, simplemente indicar envío de mensaje y/o escoger nombres, lo demás funciona igual con el «Asunto» y el «Cuerpo», Linkedin sin embargo no permite adjuntos, tiene sentido pues el contenido se mueve usando Linkedin pero a través de otros canales. El espacio preferido y sugerido de comunicación para los Nativos de Linkedin son las actualizaciones y publicaciones abiertas que se hacen en «el muro de Linkedin» (2,3).

Linkedin es un sitio basado en conexiones, de ahí precisamente su atractivo, pero se está moviendo cada vez más hacia canales más abiertos de comunicación. Los usuarios que son Nativos de Linkedin se integran en este cambio, creando y comunicando oportunidades. Las publicaciones o actualizaciones en «el muro de Linkedin» son como leer boletines de email mercadeo pero que toda nuestra red puede ver; además están los CLASICOS Factores de Enganche/Social Media Engagement que hicieron famoso a Twitter y Facebook... con nombres iguales, similares o distintos pero conservando el objetivo original que se ha vuelto un estándar en las redes sociales>

LIKE – COMMENT – SHARE ☐ cambiaron el panorama de interacción humana y esto se ha extrapolado al consumo de contenido y por esa misma vía a la comunicación de MERCADEO. En Linkedin no está «bien visto» publicar fotos informales a no ser que se trate de fotos informales en eventos formales o corporativos que estén alineados a una estrategia de marca, pero, si se publican a través de Influenciadores o Linkedin Publishers (estos últimos, seleccionados y autorizados por empleados de Linkedin), artículos en un abanico gigantesco de temas que van más allá de un texto de 140 caracteres. Mientras más gente publica, disfruta, comenta, comparte y viraliza información, más contactos a todo nivel se enteran de lo que estamos haciendo, en que somos buenos que es lo que interesa en el ámbito profesional, empresarial, de negocios o de mercadeo. Así, se construye reputación y se favorece el posicionamiento. Como una regla social-digital generalizada y aceptada, todo el mundo quiere tener que ver con todo el mundo en las redes sociales y desde la aparición de estas mismas, pero mientras que en el mundo de Facebook prima el «entretenimiento», en el mundo de Linkedin priman las oportunidades. En Linkedin todos quieren un pedazo de esta inmensa torta de oportunidades que se generan cada segundo y el «Muro de Linkedin» (PANEL DE ACTUALIZACIONES» o de «ALIMENTACION») es la otra cara de la moneda respecto al perfil, es el Front Stage de Linkedin.

CAPÍTULO 05

Cree Herramientas para Mercadearse

"Su inversión en comunicaciones consistentes y distintivas se ve reflejada en ofertas de trabajo en contratos de negocios"
-Kirsten Dixon

"Se está empezando a ver el comienzo de las posibilidades ilimitadas de la web social"
- Brian Solis,
Publisher
Blog PR 2.0

¿Cuáles son sus herramientas potenciales/recurrentes de gestión, comunicación y mercadeo de carrera?
HERRAMIENTAS DE CARRERA

{ }
Estampe su marca personal en cada herramienta propia de comunicación + mercadeo para que permanezcan en la mente de su audiencia y grupos de interés.

Todo se trata de usted: El Branding de su `Bio´

Usted ya tiene una `Bio´?

!

CONSEJOs:
Para conseguir la inspiración para su propia biografía, haga un seguimiento de *bios* que usted encuentra convincentes (Ex.: en sitios web) y determine por qué se destacan.

Elabore una "Hoja de Vida" apropiadamente

¿Cuándo fue la última vez que actualizó su *Curriculum*?

!

CONSEJOs:
Tenga siempre una versión actualizada de su CV, hágalo en su computadora y en redes sociales. Cada vez que complete un proyecto relevante, o se produzca un evento significativo (Ex.: una promoción de cargo/salario, una invitación como conferencista, etc.) asegúrese de actualizar el CV.

Transferir su marca a otras piezas de Marca Personal (Ex.: `Cover Letters´, Blogs, etc)

Aparte de su CV, ¿qué otras piezas de marca personal usa?

!

CONSEJOs:
…sea consistente con los contenidos de sus canales virtuales.

Opiniones sobre las entrevistas de trabajo ...o reuniones de negocios

¿Como fué su última entrevista de trabajo o reunión de negocio?

!

CONSEJOs:
Prepárese a entregar su promesa de valor durante encuentros cara-a-cara.

CAPÍTULO 06

Construya su Marca en Bits y Bytes e Identidad Online

"En el futuro los empleadores ya no van a volver a publicar una oferta de trabajo; ellos van a encontrarlo a usted"
-Fast Company, March 2006

®

¿Qué es una identidad digital?
MOLDEE UNA IDENTIDAD DIGITAL

{ }
Website
Weblog
Social Media Profiles
Social Media Channels
Social Media Pages

Únase a la `Blogosfera´
¿todavía no tiene un *blog*?

!

CONSEJOs:
Para conseguir la inspiración para escribir su blog, utilice un lector de noticias, como `Bloglines´, para suscribirse a contenidos sindicados en línea.

Cree un Portafolio Web

¿que cree que es un *portafolio web*?*

*Un portafolio `web´ es el concepto tradicional del portafolio `en papel´ pero REINVENTADO para los Medios Sociales con links y contenido relevante.

!

CONSEJOs:
Antes de incluir cualquier contenido en su Portafolio Web, pregúntese si su gerente, potencial empleador, o cliente, lo aprobaría.

REDES SOCIALES
¿Honestamente, ¿qué sabe usted de las redes sociales?

!

CONSEJOs:
…de manera gratuita o como cortesía, de (entregue) un acompañamiento o consultoría a una persona o una empresa a través de un espacio virtual.

EXTIENDA SU MARCA EN-LINEA

¿qué cree que significa extender su marca en línea?

!

CONSEJOs:
Aconséjeme sobre este Libro, yo podría convertirme en un *influenciador* de su propia marca personal.

Empiece a construir su identidad en Internet (ya)!

¿Cómo/Cual sería una identidad online efectiva para usted (pregúnteselo)?

!

CONSEJOs:
Los Medios Tradicionales son Costosos, los Medios Sociales son gratuitos y ya no son alternativos sino masivos!. Si las empresas usan internet para vender productos usted porque no puede usarlo para venderse a sí mismo?

USE LOS MEDIOS SOCIALES PARA PUBLICITARSE

"Accenture incluyó el número total de resultados relevantes de Google como una de las tres medidas que ellos usan para desarrollar su lista de los 50 Gurus de Negocios"
-Newsweek

¿sus orejas no le rascan?
LA GENTE LO ESTA BUSCANDO EN GOOGLE

{ }
"Googling"
:
v
.
el acto de aprender sobre
alguien o algo
llevando a cabo
una búsqueda
en internet

® 👤 es la `era´ de Google (y Wikipedia)

Google no es sustantivo, es verbo; es uno de los verbos más nuevos que existen

!

CONSEJOs:
No pierda la costumbre de buscarse en Google regularmente.

Determine su perfil digital actual + SEO Personal

¿ha diagnosticado su perfil digital actual?

!

CONSEJOs:

1. Escriba su nombre entre comillas (de esta manera: "Andrés Velásquez", etc.) en su navegador para obtener los resultados más precisos.

2. Cada lunes por la mañana, búsquese en google y haga un seguimiento de cualquier cambio en sus resultados.

CAPÍTULO 07

Perfiles Profesionales en Linkedin

PERFILES PROFESIONALES EN LINKEDIN: Son tantas las personas y marcas personales habitando en Linkedin, que, es fundamental que un perfil profesional en Linkedin sea «customizado». Parece obvio ya que quizás lo mejor que debe hacerse es destacar, impulsar su red, compartir los que es valioso - útil en la medida de lo posible. Todo empieza con 5 ELEMENTOS CLAVES: 1. NOMBRE y FOTO / 2. EXTRACTO y ENCABEZADO / 3. INFO DE CONTACTO + URL PERSONALIZADA / 4. ÚLTIMO TRABAJO (o ÚLTIMOS ESTUDIOS) / 5. RECOMENDACIONES & HABILIDADES; estos garantizaran al inicio, una efectividad mínima que puede maximizar resultados cuando se trata de posicionamiento, prospección y relación. Adicionalmente, Linkedin motiva a que se haga así, es mucho lo que se puede hacer de manera paralela, complementaria y suplementaria. Muchas otras personas, no están aprovechando al máximo las herramientas gratuitas y las funciones disponibles para ellos, por lo que un pequeño esfuerzo adicional recorrería más rápidamente el camino más largo. Debido a que Linkedin es innovador y está en cambio constante, también las herramientas y métodos de administración cambian, este capítulo explora y muestra estrategias y tácticas para hacer que el perfil profesional tenga presencia y empuje el posicionamiento convirtiéndose en un visita obligada, en un visita deseada o recomendada. FOTO: La «Foto Estándar» de los perfiles profesionales en Linkedin es de los primeros elementos que la gente de nuestra comunidad natural u orgánica ve cada vez que entran a su perfil. Es, una imagen que ven cada vez que vienen a su perfil. Las imágenes miniaturizadas son la representación visual de su perfil profesional en distintos espacios (como el News Feed) donde sus contactos y marcas y empresas «interactúan» con usted. Las fotos deben ser llamativas y a pesar de lo que mucha gente piensa de Linkedin, pueden ser espontaneas pero no tanto como verse ridículo o donde la persona se vea tan lejos que sea igual que no tener una foto. La foto es un elemento de identificación pero también es un generador de confianza.

ACTIVOS DE DISEÑO Y DE MEDIOS /DISEÑANDO ACTIVOS Y MEDIOS

Hay miles de herramientas de diseño que facilitan el desarrollo de piezas visuales para complementar los perfiles. Al momento de escribir este libro, CANVA.com quizás era uno de estos y de los más populares.

CONTENIDO DE MARCA PERSONAL EN LINKEDIN

La adición y actualización de contenido tanto en plataformas externas pero conectadas a Linkedin (Slideshare) como en las actualizaciones de estado están entre las maneras más fáciles de optimizar y personalizar su perfil profesional y apalancarse desde ahí para destacar. Piense en la «VOZ» y el «TONO». Usted es su negocio.

PATRONES DE MARCA PERSONAL

Idealmente se deben publicar nuevos contenidos cada día. Las actualizaciones de estado son una forma fácil de dar un toque personal a los perfiles profesionales con su propia marca. Sus contactos y seguidores pueden verlos en sus fuentes de noticias. Los blogs por otro lado, son otra manera simple y completa, simple y rápida de hacer Content Mercadeo de Marca Personal. Establezca patrones y temas para cada calendario editorial.

CAPÍTULO 08

Administración de los Perfiles Profesionales en Linkedin

ADMINISTRACIÓN DE LOS PERFILES PROFESIONALES EN LINKEDIN: La gestión de su perfil profesional asegura un dedo en el pulso de sus contactos, ayuda a atraer y mantener interesados a los miembros de su comunidad natural/orgánica, y puede facilitar movidas de marca personal más allá de Linkedin. Ofrece mucha libertad, su perfil profesional debe ser monitoreado. Es importante estar revisando su «muro» especialmente cuando hay algún tipo de retroalimentación en Linkedin. Guste o no, lo que la gente publica en el muro de su cuenta es reflejo su marca. Si solo pone cosas aburridas, inútiles o descontextualizadas, su marca se verá afectada. Hay que participar e involucrarse con la gente que lo sigue en Linkedin. Este capítulo muestra y enseña a mantener su perfil profesional en Linkedin con CONTENIDO FRESCO y cómo mantener «interesada» a su red.

EXCLUSIVO, SOLO PARA SEGUIDORES

Una de las mejores maneras de ganar seguidores y/o contactos para una cuenta activa de Linkedin es ofreciendo algo más, específicamente, algo que no pueden obtener en ningún otro lugar. Al proporcionar lo exclusivo, da razones tangibles a las personas para que pasen tiempo viendo su perfil profesional en Linkedin por eso es clave saber administrarlo.

ACTUALIZACIONES FRECUENTES EN LINKEDIN: Igual que las Páginas de Empresa, especialmente en los perfiles profesionales o a través de estos, es importante publicar actualizaciones de estado frecuentes o hacer Publicaciones en el «Muro» con nueva información, hay que, como hemos dicho varias veces, enfocarse en el contenido, pues, en las redes sociales, el contenido es mercadeo y el mercadeo es dinero. Muchas marcas personales, usan esta táctica para estar en la vanguardia y competir con sus pares (10A,2). Planéese para poner mínimo una actualización por día y considere días con contenido más frecuente. // **REDISEÑAR OPORTUNAMENTE:** Si, ya está haciendo actualizaciones de estado al menos una vez al día y mantiene un flujo constante de contenido que va y viene (tanto en el «Wall» como en el «Feed»), pero ¿qué pasa con el resto de su perfil profesional? Debe REVISAR y ACTUALIZAR su perfil profesional en Linkedin mínimo de 2 a 4 veces al año. Piense en transiciones suaves de información o diseño como recordatorios de actualización del perfil, cada vez que pase algo importante úselo. Las actualizaciones de estado, rediseños o compartir cosas nuevas o novedosas el perfil o a través de este, proporcionan una dosis diaria de nuevos contenidos, pero estos son sólo pequeños fragmentos de lo que su perfil profesional ofrece o tiene para ofrecer. Renovar el aspecto y los mensajes o la información, asegura incluso el largo plazo, y, mantiene también en el largo plazo la lealtad de su propia comunidad, su red o sus seguidores o las formas de persuasión para los visitantes, quienes, a un solo click de distancia, empiezan a ser parte de la vida de su marca personal. // **RASTREO Y MONITOREO:** Su perfil profesional en Linkedin tiene un objetivo principal, atraer e involucrar seguidores de su marca personal y también construir una comunidad en torno a su marca personal donde el canal es el perfil profesional. Muchos servicios ofrecen monitoreo automatizado de redes sociales, pero, nada como la intervención humana para el monitoreo. Eso significa «ojos» puestos en su perfil profesional. No hay que estar vigilando todos los días, pero compruebe que las cosas

están bien y bajo control. Si usted está «posteando» con frecuencia, tenga la disciplina de estar mirando lo que está pasando. No pierda tiempo respondiendo a comentarios improductivos pero siempre trate de responderle a todo el que le escriba. Haga notar su presencia, pero sin arrogancia.
// RETROALIMENTACIÓN Y MODERACIÓN: Su perfil profesional debe ser supervisado, pero, eso es sólo la mitad de lo que debe hacer. También debe moderar su perfil profesional en Linkedin y actuar con criterio sobre qué tipo de cosas deben ser editadas o borradas. Cómo determinar lo que se queda y lo que se va, depende exclusivamente de usted. A algunas personas les gusta usar los medios sociales sólo para quejarse, no lo haga usted y evite o mantenga bajo control las actualizaciones de estado de quienes lo hacen en su red o comunidad. Si le piden algo, responda así sea diciendo NO. Tenga cuidado con los SPAMs. Si quiere mantener su «Muro» de Linkedin abierto a comentarios relacionados con su marca personal debe estar atento sobre lo que hacen las personas que interactúan con usted. Tener éxito en todo esto, puede ser la diferencia entre una buena experiencia de usuario en el canal de Linkedin con su perfil profesional o una mala experiencia si la identidad, comunidad o contenido se ven afectados, confusos o distorsionados.

CO.
MU.
NI.
DAD.

CAPÍTULO 09

...lo que cuenta es lo que los otros piensan*

*AL MENOS EN EL BRANDING

"Algunas marcas simplemente nos exigen gran lealtad, esto, gracias a sus poderosos atributos emocionales. Estas marcas se llaman `LOVEMARKS´ y mantienen eso que inspira lealtad más allá de la razón"

-Kevin Roberts, former CEO de Saatchi & Saatchi y autor del Libro ´Lovemarks´ y ´The Lovemarks Effect´

Obtenga Feedback

*

*

...pregunte acerca de usted mismo

ATRIBUTOS
¿CUÁLES SON SUS ATRIBUTOS?

{ }
Sintonícese con sus percepciones externas. Busque al menos un «insight» de observadores externos

ATRIBUTOS DE MARCA
¿QUE CREE QUE SON LOS ATRIBUTOS DE MARCA?

Los atributos de marca son los adjetivos que la gente usa para para describir a una persona.

LA META: Es entender los atributos que la gente asocia con USTED!
>Emocionales (Conexión)
>Racionales (Competencias)

!

CONSEJOs:
Cuando una persona lo presenta a usted ante otros, escuche lo que el/ella está diciendo acerca de sus atributos de marca.

®

Todo lo que necesitas es "AMOR"

¿Como explotar el poder de los atributos emocionales de marca?

amor

de

marca

®

1. los vínculos `emocionales´ aseguran el respeto
2. los atributos racionales aumentan los atributos emocionales

PERO, ¿qué relación tiene esto con el **branding**?

BUENO,

*¡el branding es puro **amor**!*

1. ¡las marcas exitosas combinan atributos genuinos racionales y emocionales…
2. …y, además, enamoran a las personas que se relacionan con estas!

!

CONSEJOs:
No trate de complacer a todo el mundo!

Resaltar los atributos de marca.

¿Cómo resaltar atributos de marca positivos?

Así como hay atributos emocionales y racionales de marca, también hay atributos positivos y negativos de marca.

!

CONSEJOs:
Ponga los atributos "negativos" en tono de "positivos"… use eufemismos efectivos.

LA META: Es mostrar los POSITIVOS mientras se disminuyen los NEGATIVOS!

>Maximizar fortalezas
y otras cualidades atractivas.

NOTA
Acerca de sus fortalezas
Cuales son sus fortalezas?

En el *branding* personal, es esencial identificar, entender, usar y apalancar sus fortalezas, habilidades y capacidades, lo que usted disfruta y hace bien ("Motivated Skills"). De esta manera es posible diferenciarnos de nuestros pares.

!

CONSEJOs:
Al final de cada día, recuerde cómo ha utilizado una fortaleza para resolver un problema o agregar valor a su empresa; se trata de potenciar y reforzar sus puntos fuertes para que usted los use regularmente.

CAPITULO 10

Defina su Comunidad de Marca

"Todos los hombres están en una red de mutualidad de la que no pueden escapar"

-Martin Luther King Jr.

®

¿Cuál es su grupo objetivo o audiencia?
TARGET

¿quién compone su comunidad de marca?

Gerencia
Jefes
Equipo
Socios
Clientes
Competidores
Padres
Amigos
Familiares
`Pares´ profesionales
`Pares´ personales
Externos
El Mundo

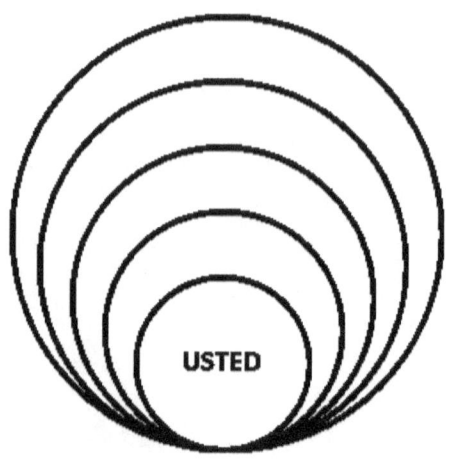

La importancia de su 'Target'
¿Para qué le serviría saber cuál es su audiencia?

Tener claro el público objetivo (como parte de la comunidad de marca) es importante para llegar a la meta final de carrera.

!

CONSEJOs:
Consiga que otros reconozcan sus fortalezas y logros comunicando el valor que usted les entrega a ellos*

*Hacerse visible no es `autopromoción desvergonzada´, es comunicar comprensivamente lo que nos distingue en una comunidad de marca

Identificar Miembros de su ´Target´

¿Cómo identificaría un miembro de su audiencia?

Su público objetivo está formado por personas en la mejor posición para ayudarle a alcanzar metas Per. & Pro.

!

CONSEJO Personal:
Trate de identificar los miembros de su audiencia objetivo considerando criterios demográficos y psicográficos*

*

>DEMOGRAFICOS (Ej.: Edad, Género, Carrera, Posición, Ingreso, Locación, Nivel Educativo, Nivel Socio-Económico, etc.)
>PSICOGRAFICOS (Ej.: Hobbies, Intereses, Perfiles en Redes Sociales, Extracurriculares/Extralaborales, Voluntariados.

Enfoquese en su ´Target´
¿Está enfocado en su audiencia?

…según William Arrudam el Branding Personal no es acerca de ser famoso; es acerca de ser selectivamente famoso ☺

!

CONSEJOs:
Enfoquese en la gente que le puede ayudar a alcanzar sus metas.

®

Comunidad de Marca
¿Piense, cuál sería su comunidad de marca?

!

CONSEJOs:
Para determinar sus características diferenciadoras, remóntese a las fortalezas que ha identificado y observe los puntos fuertes de sus compañeros.

CAPITULO 11

Los Grupos en Linkedin

LO BÁSICO DE LOS GRUPOS DE LINKEDIN: Los Grupos en Linkedin se establecen usualmente por iniciativa de los seguidores de una empresa o una marca. Aunque lo ideal es que las empresas sean quienes crean sus grupos, aun es virtualmente imposible impedir que se creen grupos de empresa/marca por parte de individuos no vinculados directamente a estas. Grupos de empresa / organización creados por externos que son muy comunes son los Grupos de ALUMNI o egresados de universidades o escuelas de negocios o ex - empleados de una compañía; sin embargo, diferente a las Páginas de Empresa, hay grupos en los cuales se debe solicitar primero un permiso que es otorgado por un administrador del grupo bajo criterio de esta misma persona. Los grupos en Linkedin también son mucho más rápidos y fáciles de crear que las Páginas de Empresa e irónicamente (comparado por ejemplo con los de Facebook), tienen más funciones y mucho más poderosas en algunos casos, por lo que tanto administradores o seguidores se apresuran para ponerlos en marcha. No se confunda, la mayor parte de sus esfuerzos de mercadeo en Linkedin debe partir de una página de empresa en Linkedin y no de un Grupo de Empresa; las páginas son y deben ser el canal oficial para las marcas para llegar a los prospectos o clientes, esto no es un invento espontaneo, esto hace parte de los lineamientos que Linkedin ha determinado para los grupos de empresa. En general, aunque los grupos ofrezcan más versatilidad y en algunos casos funcionalidad o mejor comunicación de oportunidades o espacios de interacción con miembros, siempre deben ser parte de la estrategia y no la estrategia entera. Aún con estas recomendaciones, el valor en el uso de Grupos de Marca/Empresa es innegable de vez en cuando en los esfuerzos de mercadeo. Para ayudarle a tomar buenas decisiones para su proyecto o campaña, este capítulo explicara porque surgieron los grupos en Linkedin y, examina como y cuando tomar ventaja de estos.

PÁGINA DE LINKEDIN

Se configura una vez.

Tiene hipervínculos a perfiles de Linkedin, empleados o ejecutivos.

Indexa *Tweets* y *Posts* en Blogs.

Muestra «*Analytics*» sobre quien está siguiendo su empresa.

No hay disponibilidad para abrir Foros o generar Discusiones.

Se pueden Postear Ofertas de Trabajo.

Los *Feeds* solo se ven en el perfil profesional.
Construye una base de clientes, crea un canal de comunicación, atrae nuevos talentos, establece credibilidad.

ALCANCE LIMITADO – a los Seguidores de la Empresa que están interesados en su empresa o producto / servicio.

Promociones, retroalimentación / sugerencias relacionadas a la solicitud de productos / servicios vitrina para nuevos productos, etc.

GRUPO DE LINKEDIN

Debe configurarse inicialmente y estar monitoreándose o haciendo mantenimiento.

No hay disponibilidad para hipervínculos.

No enlista *Tweets* o *Posts* en Blogs.

No hay información de análisis disponible.

Espacio para Foros y Discusiones

Se pueden postear ofertas de trabajo.

Pueden activarse News *Feeds*.

Crear conciencia, conectar con los líderes de pensamiento, compartir información valiosa, establece autoridad.

ALCANCE AMPLIO – a todos los Miembros del Grupo interesados en uno o más tópicos de discusión.

Nuevos datos de investigación, infografías interesantes, enlaces gratuitos a libros electrónicos, etc.

GRUPOS VERSUS PÁGINAS

En las redes sociales, tanto Facebook como Linkedin y muchas otras que sería innecesario nombrar, los grupos han sido parte fundamental de la comunicación persona a persona y en muchos casos empresa a empresa. Los Grupos de Linkedin fueron de los primeros en aparecer de forma organizada (junto, claro con los de Facebook que son grupos muy potentes) para que la gente de mercadeo enviara el mensaje a su público. Estos, aunque se han ido sofisticando paulatinamente no han dejado de ser sencillos y desde siempre han sido relativamente fáciles de configurar, pero, siempre han sido fáciles de personalizar. Linkedin ha recorrido un largo camino desde 2003, pero muchas diferencias entre páginas y grupos todavía existen (4,1). Las Páginas son uno de los métodos preferidos en Linkedin que las empresas tienen para interactuar con sus Clientes, Compradores y Consumidores. De hecho, Linkedin siempre ha sido tan claro con la intención que quiere lograr con los grupos, que, cuando el sitio introdujo por primera vez las Páginas de Empresa, se crearon confusiones, al punto en que al día de hoy, todavía hay muchas empresas con Grupos Abiertos/Activos que no saben de las Páginas o piensan que no las necesitan. La tarea de diferenciar, migrar y usar de forma combinada los grupos en la estrategia de mercadeo es un trabajo que requiere ser pensado y operado en el largo plazo y dejando al lado premuras y afanes. Aunque no se pueden convertir automáticamente los grupos en Páginas de Empresa muchas personas y empresas siguen preguntando cuando va a poder hacerse. Yo pienso que eso no va a suceder pues las características en algunos contextos son muy dispares. Con la migración de Marcas/Empresas Poderosas (Ex.: Apple) se reafirmaron las diferencias de implementación y similitudes de uso en la comunicación genérica y la comunicación de mercadeo.

Las Páginas de Empresa son mucho más idóneas para ciertas cosas pero no se puede ignorar nunca el poder intrínseco de los grupos en dinamizar la innovación y enriquecer conversaciones que incentivan el cambio organizacional y ayuda a las personas de una misma compañía o con intereses similares, a estar en contacto a otro nivel, un nivel muy productivo. No puede hablarse de preferencia de uno o de otro sino de mezclar. Mezclar es la clave y los grupos son un ingrediente increíble. // Las Páginas de Empresa fundamentalmente están destinadas a ayudar a crear relaciones con los clientes o evangelistas de marca y son muy buenos para MENSAJES EN EL LARGO PLAZO. Los GRUPOS, por otra parte, se centran en DEBATES Y TEMÁS COYUNTURALES (CORTO PLAZO). No se trata de decir que uno es bueno y el otro es malo o decir que uno es mejor que el otro (aunque hay detractores de cada uno) pero yo, por ejemplo, diría que las Páginas de Empresa suelen ser «ESTATICAS» (pues son alimentadas unilateralmente), mientras que los GRUPOS son «DINAMICOS» (pues son alimentados multilateralmente). No lo olviden, la creación de un grupo es preferible en muchas situaciones respecto al uso de una página. Los grupos trabajan bien cuando se quiere tomar una acción rápida en torno a un tema sensible, y, a menudo se utilizan para movilizar a la gente alrededor de «causas» o acontecimientos de actualidad. Los grupos también son eficaces como «vástagos» o subsecciones de una Página aunque muchos expertos o especialistas no mencionan o no recomiendan esto como práctica. Los grupos están destinados a facilitarle a las organizaciones, discusiones en torno a temas en particular, y todavía proporcionan un espacio más abierto a cierto tipo de conversaciones. Al unirse a un grupo la gente siente que pertenece a un lugar en la cultura popular de la marca o la innovación de la empresa en torno a productos / servicios, esto, va más allá de simplemente hacerse seguidor de una marca o de una empresa (4,2). Los grupos son también a menudo mucho más específicos que las Páginas de Empresa, lo que les da una base de miembros ciertamente más activos y comprometidos. de esta manera, LAS PÁGINAS DE EMPRESA CARECEN DEL ASPECTO PERSONAL mientras que LOS GRUPOS SOBRESALEN POR SU LADO PERSONAL

Más mensajes que facilitan relación comercial P2P (*Peer to Peer*) y de mercadeo B2B (*Business to Business*)

Los grupos pueden tener un número ilimitado de miembros, pero si se quiere enviar mensajes no es posible hacerlo en bloque sino individualmente. Los mensajes que se envían a miembros de un grupo que además son contactos suyos en Linkedin, son muy poderosos, porque el factor de confianza es tan fuerte y transparente que si se usa adecuadamente *jamás tendrá que volver a hacer llamadas de mercadeo «en frío»* que es una de las grandes frustraciones del proceso de ventas, que genera más embotellamiento de metas y que consume tantos recursos valiosos; como además llegan notificaciones y mensajes enteros a la cuenta de email que se tiene registrada en Linkedin, el impacto de comunicación se multiplica y, siempre sabiendo que NO SE TRATA DE SPAM sino de OPORTUNIDADES o ACCIONES que llevan a oportunidades. Esto último es uno de los grandes diferenciales con las Páginas de Empresa cuyas funcionalidades de envío de mensajes a los seguidores son más restringidas y serias. Los Grupos tienen de alguna manera un factor de «entretenimiento» en un contexto empresarial, de trabajo, de negocios.

Mejor Gestión de Eventos
Debido a que los grupos se mantienen por «personas» reales, son más adecuados para la gestión de eventos y tienen más funcionalidades en «Modo de Evento» (Ex.: Promociones, Trabajos).

En los contenidos de grupo también se incluye el suministro de noticias y por supuesto, llegan al *Inbox* de su correo electrónico en forma de notificaciones que se pueden detener en cualquier comento, antes las Páginas y los Grupos generaban confusión porque mucha gente creaba Páginas para eventos cuando lo más práctico y efectivo era quizás crear un grupo. Este (organizar-notificar-promocionar eventos u oportunidades derivadas de estos), es un factor importante en la retención de miembros y acoplamiento de equipos de tarea para la acción y la creación. Los grupos no están, sin embargo, optimizados para *customizar* contenido, agregar aplicaciones o seleccionar una dirección específica o «*Vanity* URL». Lo anterior hace que la indexación, *ranqueo*, búsqueda y localización de grupos de Linkedin en Motores de Búsqueda externos no funcione tan bien como ocurre con las Páginas o los perfiles; eso sí, funciona extraordinariamente bien con la Búsqueda Avanzada de Linkedin. La mala noticia general de esta parte para los entusiastas de los grupos en las redes sociales para mercadeo, es que las Páginas siempre serán «consentidas», tendrán prioridad y obtendrán más atención en el desarrollo dentro de Linkedin que los mismos grupos. Los *Ads*, y algunos casos de palabras claves o medios enriquecidos, así como contenido patrocinado, son alternativas que reciben más dedicación por parte de Linkedin en páginas que en grupos. La optimización de grupos es como una panacea aun utópica para administradores y usuarios de estos.

LOS GRUPOS DE LINKEDIN PUEDEN SER MUY ÚTILES

Grupos tienen valor y valor para el mercadeo, sin duda.

Son usualmente rápidos de crear y relativamente fáciles de configurar, se puede decir que son perfectos «cuando estás en un apuro» de comunicación, pero no siempre son tan buenos debido a todo el «*spam*» que producen, que «ensucia» las búsquedas y que debe ser desechado por inútil. La facilidad de uso de los grupos los hace atractivos, pero, al tiempo, es lo que los hace parecer poco confiables en determinadas situaciones y contextos. Yo, por ejemplo ni como profesional ni como empresa uso mucho los Grupos de Linkedin a pesar de su obvio potencial positivo (o evidente peligro latente de distraer). Mientras que una página de empresa en Linkedin puede parecer desalentadora para la gestión de mercadeo, un grupo puede considerarse una manera fácil y rápida de hacer una transición operacional al mercadeo en Linkedin. A diferencia de las páginas, los grupos permiten que sus administradores interactúen masivamente con los miembros de un grupo; aunque no es posible enviar mensajes al tiempo a todos, si se puede compartir el grupo masivamente en Linkedin para crecer la membresía. De nuevo, los grupos son rápidos y fáciles, pero también pueden llegar a ser molestos, por eso, hay que recordarle a la gente que se puede retirar en cualquier momento que el grupo deje de ser relevante para ellos y también, en algunos casos, se debe ser cuidadoso al aceptar personas que pudieran causar conflicto. Cuando algo grande pega rápido en una audiencia, los grupos pueden ser estupendos, pero jamás se deben usar para una estrategia global de mercadeo a largo plazo. Entonces, ¿cuándo está bien usar un grupo?. El mismo Linkedin ha insinuado repetidas veces que Grupos y Páginas de Empresa sirven para diferentes propósitos, y, es lo más lógico. En Linkedin, los grupos tienen el propósito de fomentar discusiones colectivas que por lo general favorecen <u>iniciativas de innovación</u> en torno a un área temática en particular, mientras que las Páginas de Empresa, permiten que entidades como figuras públicas o compañías «*Fortune 500*» o enlistadas en Bolsas de Valores puedan trasmitir información a sus seguidores. Se puede decir que los GRUPOS son comunicación en DOBLE VIA, mientras que las Páginas de Empresa son comunicación en UNA SOLA VIA (que obviamente viene de la empresa o de alguien de la empresa) hacia sus seguidores. Sólo representantes autorizados de la entidad deben ejecutar una página (4,3). Linkedin también, regularmente propone/ofrece funcionalidades adicionales interesantes y útiles para grupos, haciendo que parezcan más como Páginas de Empresa visualmente hablando y, así, mostrar también contenido generado por grupos (y autorizado) para que aparezca en el «suministro» (*feed*) de noticias de Linkedin en el panel principal de la plataforma (no confundirse con el perfil). Si bien esto puede sonar como una «buena noticia», un grupo de gran tamaño puede convertirse rápidamente en algo difícil de manejar, y a muchos administradores-moderadores les resulta más fácil mandar mensajes a ciertos miembros que convertirlos en seguidores de la Página de Empresa de la compañía en su lugar.

CUANDO REALMENTE SE QUIERE/NECESITA UN GRUPO

Los grupos son usualmente más rápidos y fáciles de «instalar» que las Páginas de Empresa, también ofrecen un entorno que permite mejor personalización y en algunos casos, un ambiente controlado para conversaciones comerciales, laborales o de innovación. Como una herramienta de mercadeo, un grupo es una mejor opción cuando:

EL TIEMPO ES UN FACTOR → Los grupos son útiles para las iniciativas sensibles al tiempo que necesitan llegar a una masa crítica de forma rápida. En un grupo que se ha hecho global, cualquier miembro del grupo puede ver quiénes son los otros miembros del grupo, aunque sean 1.000.000 y buscar a alguien especifico, ver quiénes son «*Top Contributors*». Poder estar conectados por intermedio de un grupo de forma abierta con tantas personas, favorece la *viralidad* en las acciones de mercadeo que tanto se valora en la era de internet. ES NECESARIO EL CONTROL → Los grupos también ofrecen un mayor control sobre quién está autorizado dentro o fuera (4,4), mientras que las páginas están abiertas a todo el mundo una vez que se hacen públicas. Los grupos pueden ser abiertos sólo a una red académica o laboral en particular, o para todos en Linkedin. También pueden requerir un permiso para unirse a un grupo (ser aprobado por un administrador), pero se puede ver algunos contenidos del Grupo antes de solicitar ingreso. Los Grupos pueden hacerse completamente secretos e invitar solo determinadas personas, y, solo estas pueden ver los contenidos o, discusiones una vez que aceptan ingresar. Los grupos pueden considerarse o manejarse útilmente / convenientemente como subsecciones separadas de la Página de empresa en Linkedin. Tal vez por sus más importantes o entusiastas partidarios de las marcas de los productos de su empresa. ES PERSONAL EN LO PROFESIONAL («PROFERSONAL») → A su alrededor, lo grupos de Linkedin, proporcionan una sensación de mayor interacción profesional. Los grupos están vinculados directamente a la persona o personas que lo(s) administra(n), y, el nombre que aparece en el perfil, también aparecerá en el grupo. Algunos encuentran en esta conexión «PROFERSONAL» un cambio positivo en el mundo digital, especialmente cuando hay temas más sensibles de por medio o problemas laborales o comerciales, como preguntas sobre lo financiero o hitos negativos que cambian la historia de una empresa, un producto o una marca.

RECUERDE: Hay que ser cuidadoso con el uso abusivo del acceso que da un grupo, ya que podría ser identificado como intrusión o usted o su empresa podrían ser vistos como entes/entidades molestas, y, eso es en algunos casos irreversible o difícil de reparar.

CREAR UN GRUPO EN LINKEDIN

Cuando usted necesita promover algo rápidamente o alimentarlo dinámicamente o, está viendo la opción de fomentar campañas de responsabilidad social para su empresa, un grupo de Linkedin puede ser otro camino a seguir. Para crear un grupo, hay que dirigirse a la barra principal superior de LINKEDIN y hacer *click* en «Interests», luego *click* en «Groups» (esto, debido a cambios en Linkedin puede ser diferente de un año para otro, se actualizaría en este libro en cada revisión, cuando aplique). Una vez en la «suite» de GRUPOS / «YourGroups» (aproveche para «darse una vuelta», «Take a Tour»), seguido, vaya a la aplicación correspondiente y haga *click* en «Create a Group» (antes de crear un grupo haga una búsqueda con «Find a Group» para evitar grupos duplicados o tan similares en los tópicos que confundan a la gente). «Keep It Global». En este caso, igual que en Facebook, para obtener el máximo alcance y el valor de su Grupo, es necesario asegurarse de que cualquier persona que quiera, pueda unirse sin tener que ser aprobado por un administrador (la excepción a la regla estaría determinada por políticas corporativas de comunicación). También queremos que sean capaces de invitar otros contactos (aliados, socios, inversores, grupos de interés, proveedores, compradores, consumidores, clientes, etc) ya que si el grupo gana relevancia y popularidad en un tema de negocios especifico, esto reduce el trabajo por usted y le permite centrarse en la creación de contenido que la gente quiera compartir.

Siempre que sea posible, haga sus grupos visibles para todos en Linkedin y defina su acceso como abierto. A los miembros también se les debería permitir publicar y compartir enlaces para que haya un crecimiento orgánico y relevancia orgánica. Ahora, si usted esta utilizando un grupo precisamente por sus controles de privacidad, es posible que desee mantener el grupo cerrado, de modo que pueda aprobar miembros a discreción.

Llene todos los campos
Al igual que con las Páginas, se debe incluir la mayor cantidad de información posible al configurar su Grupo. Este rigor es lo que realmente podría diferenciar y separar su grupo profesional de grupos que hacen perder el tiempo a la gente con contenido irrelevante o basura. Ahora, si bien se debe ser generoso y preciso con los textos que incluyan palabras claves, se deben evitar textos innecesaria o inútilmente largos. Apéguese a los principios básicos de escritura-lectura y nunca deje campos en blanco, mucho menos el espacio destinado para las imágenes.

Haga un uso correcto de la gramática, la puntuación y la ortografía
La configuración de un grupo puede ser más rápida que la creación de una página de empresa en Linkedin, pero se requiere la misma cantidad de atención. Entre las grandes equivocaciones que pueden darse en un Grupo Profesional, es llenarlos apresuradamente dejando fallas ortográficas y errores gramaticales; los prospectos de venta de un servicio, los candidatos a ser seleccionados para una empresa, entre otros, deben llevarse una buena primera impresión y aunque muchos no lo crean, mala gramática o mala ortografía dejan una pésima impresión. Con una primera mala impresión, se asumirá que el contenido futuro tampoco proporcionara un gran valor. No debería generalizarse con esto, pero es mejor tenerlo en cuenta que violarlo.

Incluya palabras clave para facilitar todas las búsquedas.

Es una pena para los entusiastas de los grupos, pero estos, no proporcionan la misma fuerza para ser rastreados algorítmicamente por los buscadores como las páginas de empresa en Linkedin, pero son indexados por los motores de búsqueda externos de la misma manera en que se indexan en el motor de búsqueda interno de Linkedin. Como siempre, asegúrese de llenar su descripción de grupo, asegúrese de incluir palabras clave y asegúrese de usar imágenes (o textos enriquecidos), pues, esto aumenta la posibilidad de que un miembro potencial encuentre su grupo durante la investigación de temas similares, organizaciones o eventos. Dele la misma relevancia a la creación del nombre del grupo; piense en una combinación de palabras para el nombre del grupo que los prospectos puedan deducir fácilmente con el nombre, cual es el propósito y el contenido del grupo.

ADMINISTRACIÓN DE GRUPOS DE LINKEDIN

Una vez que su Grupo está configurado correctamente, usted necesita comenzar a añadir los miembros y publicar contenido. Tenga siempre en cuenta que el objetivo de un grupo es iniciar conversaciones. Muchas de sus obligaciones como administrador se centrarán en el seguimiento de debates y el fomento de los comentarios cuando sea necesario (4,7).

Utilizar con Perfil o Página

Cuando Linkedin introdujo las Páginas de Empresa tal vez no preveía entonces como integrar en términos de mercadeo las acciones en los grupos y en las páginas de forma coordinada. Como resultado, muchas marcas tienen una sola presencia en Linkedin, la mayoría, en forma de Página de Empresa. Para poner en marcha un grupo, sin embargo, se necesita siempre un Perfil-Patrón, es decir, el perfil de una sola persona que administrará el Grupo. El perfil-patrón da un punto de partida para invitar a la gente y proporcionar la conexión humana.

No Hacer nuevos Contactos solo porque si
 Puesto que un grupo no puede crearse o postear contenido por sí mismo, siempre se va a utilizar su perfil para invitar al menos las primeras tandas de miembros. Luego, puede volverse tentador empezar a enviar solicitudes al azar a gente que usted no conoce o a quien no le interesa ni el propósito, ni el tema ni los contenidos ni las discusiones en su grupo.
Invitar «desconocidos» puede ir en contra de los Términos de Uso y Servicio de Linkedin o las políticas generales de los grupos en Linkedin, lo cual, puede hacer que lo veten a usted, su empresa o su grupo más rápido de lo que cree; por eso, mejor incentive gente conocida a que inviten conocidos de ellos. Si desea agregar gente nueva, asegúrese de incluir un mensaje directo MUY PROFESIONAL explicando cómo los ha encontrado y por qué quiere tenerlos cerca o dentro del grupo.

Listas de miembros
 Si usted utiliza su perfil para invitar a los primeros miembros del grupo, este ejercicio será útil para segmentar a sus contactos en listas pertinentes para fines de mercadeo futuras. Puede «MARCAR» a las personas que ya han sido invitadas (para evitar enviar dos veces lo mismo) o enviar algo solo en base a sus intereses. Si usted tiene un negocio de consultoría o hace acompañamiento, puede hacer una externa, o una lista interna de Linkedin de personas que hayan asistido a conferencias o talleres suyos usando la función «★ *Relationship*» del Perfil de cada persona, así, puede, por ejemplo, dejar una «Nota», un «Recordatorio», Identificar «como se conocieron» o una «Etiqueta» para poder rastrear comunicaciones anteriores y enviar mensajes sobre eventos próximos, descuentos, promociones, programas especiales, *freebies*, etc.

Incorporar Eventos
 Eventos…

Los eventos o específicamente invitaciones a eventos a través de los grupos en Linkedin, tienen un mayor alcance en determinados casos que otros elementos de esta red social, ya que se han incorporado en otras funcionalidades (4,8).
Use los grupos como canales a través de las funciones «Promociones» incluyendo descripciones cortas del Evento a invitar y mantenga la comunicación sobre este, lo más frecuente, consistente y abierto posible. Anime y permita que otras personas repliquen esta información de eventos presenciales o virtuales compartiendo enlaces o imágenes y videos. Permita que los invitados inviten a otras personas y publiquen sus propios vídeos, enlaces y fotos.

Participar Activamente y Publicar Contenido NUEVO

A diferencia de las Páginas de Empresa, los grupos pueden tener otras configuraciones de privacidad diferentes. Para lograr una sana participación y suficiente eficacia, probablemente querrá usted o su empresa, mantener abiertas las restricciones para el «Muro» del grupo en Linkedin, de tal manera que se pueda fomentar el flujo de contenido (después se preocupa por curarlo o establecer políticas); las fotos y/o videos son muy poderosos para enganchar y los grupos, como canales son una fórmula perfecta para ese «enganche» (*engagement*) que además fomenta las discusiones temáticas y las conversaciones entre marca-consumidores... el intercambio en este contexto es enriquecedor en todo sentido. Los grupos se centran en las conversaciones y se necesita para mantener las discusiones. Al permitir o estimular solo los *posts* tradicionales, obtendrá casi exclusivamente que la gente o usted hagan preguntas o pongan enlaces, lo que sub-utilizaría el grupo convirtiéndolo en un foro de preguntas y respuestas y eso limitaría el potencial de los grupos en Linkedin para acciones de mercadeo.

Para crear un grupo que retenga inteligentemente la membresía (particularmente, engancharlos con su marca o sus productos), el CONTENIDO debe mantenerse FRESCO. En algunos casos y de algunas formas muy puntuales, las Páginas de Empresa pueden automatizarse en Contenido, para que los grupos sean competitivos, el contenido, debe humanizarse haciéndolo y publicándolo interesante, con una perspectiva valiosa o información relevante para los miembros.

Postear enlaces, presentaciones, infografías, ...
 Además, proporcione contenido fresco y haga publicaciones frecuentes para mantener a los miembros comprometidos, esto, adicionalmente, permite una mayor interacción (4,9). Publique enlaces a sitios externos o en otras partes de Linkedin y haga preguntas sobre el contenido encontrado (como por ejemplo, en un club de lectura en temas de negocios enfocados en algo específico). También se pueden publicar fotos o videos o presentaciones e infografías sobre temas relacionados o datos actuales del grupo en la vida real. Aunque irónicamente los Grupos de Linkedin han llegado a tener más funcionalidades que las Páginas de Empresa, igual, son funcionalidades aun limitadas, así que hay que hacer lo mejor con lo que se tiene. Los grupos podrían incluso guardar más similitudes con los perfiles que con las Páginas, por lo que publicar enlaces, presentaciones o infografías es la mejor manera de traer contenido externo o tener una vitrina de imagen o personalidad de marca. Todo esto significa que usted o su empresa pueden confiar y a veces depender del contenido para personalizar (customizar) un grupo enfocado en las ventas y el mercadeo y, así, ser un «avanzado» al curar contenido de todo el desorden-caos que se encuentra en internet.

- MANTENGA LAS DISCUSIONES ANDANDO
  Y EL CONTENIDO PUBLICANDOSE –

SEGUIMIENTO Y GESTIÓN DE UN GRUPO EN LINKEDIN

Un administrador del grupo controla el número de miembros y el contenido del mismo. Como administrador, usted puede enviar mensajes al grupo, designar a otros administradores / oficiales o editar la información y la configuración. También puede remover miembros actuales y eliminar publicaciones o contenido inapropiados.

Es posible que tenga menos oportunidades de personalizar un grupo, y la falta de aplicaciones para interactuar con la gente y el contenido (vitrina de significa que usted tiene que controlar y moderar el grupo con más cuidado si este es una pieza clave de su estrategia de mercadeo. Lógicamente, la única interacción que la gente puede tener con un grupo es publicar contenido, por lo que hay una mayor probabilidad de que su equipo deba responder a muchas preguntas o eliminar lo que sea *spam*.

Remover Contenido

Aunque Linkedin es probablemente la red social más limpia, segura y confiable, no está nunca de más, desarrollar una estrategia de respuesta o eliminación al igual que en una página de empresa cuando se requiere. Esté listo para revisar / eliminar los mensajes que ataquen irresponsablemente su marca-empresa o advertir / bloquear personas que atenten contra la dinámica sana del grupo como intimidaciones entre miembros (que no faltan); el contenido puede ser no deseado, inapropiado o sencillamente descontextualizado, eso también debe tenerse en cuenta al momento de removerlo.

Incentivar las Publicaciones
Publicaciones…

La gestión de un grupo no es sólo acerca de la eliminación de mensajes inapropiados. Usted necesita mantener el contenido fluyendo y participar en la conversación. Esperamos que su grupo va a estar lleno de contenido útil de/para los miembros; pero si no, parte de su trabajo será «empujarlos» a hacer publicaciones, con regularidad, consistencia, calidad y relevancia, esto, haciendo preguntas, poniendo presentaciones y pegando enlaces a artículos interesantes u otros sitios.

…USO DE GRUPOS PARA COMPLETAR SU PÁGINA DE EMPRESA!

Como leí para Facebook… si le gustan todas esas campanas y timbres de una Página de Empresa en Linkedin pero aprecia el aspecto de discusiones y conversaciones que aporta un grupo, pues trate de hacer ambas cosas. Obtendrá la optimización para buscadores (SEO) y los beneficios de «*buzz*» de marca (que las hace «*cool*» en el ámbito B2B (Business to Business), así mismo, ganará capacidad para diseñar y desarrollar opciones complementarias de comunicación o enganche, pero también será capaz de crear una presencia en la comunidad dentro de su grupo (4,11). Si bien las Páginas de Empresa en Linkedin permiten orientar los mensajes a zonas geográficas específicas, un grupo permite apuntarle a la gente con base en sus intereses. Una agencia, o negocio pequeño, por ejemplo, podría tener una página de su marca en general y grupos (o subgrupos) para portafolios, temas relativos a sus productos o, incluso, para distintas oficinas. La gente puede pertenecer a uno o a todos, lo que les permite ver noticias y promociones en general, así como las actualizaciones y las conversaciones acerca de sus marcas por categorías o eventos locales.

También puede tener un grupo secreto donde usted invita sólo a clientes, proveedores o socios específicos para aspectos relacionados con ventas, procesos, servicio, seguimiento y atención al cliente. Los grupos privados en Linkedin son muy útiles para canalizar «acuerdos» especiales para clientes o muestras previas de diseños o desarrollos o tocar temas más puntuales que los que se tocan en grupos abiertos. Así, en otra instancia, si un número de personas que sean masa critica para su empresa están en un tema coyuntural que está ganando fuerza, se puede crear un grupo específico para esa masa crítica. Se pueden sacar muchas ideas y encontrar muchas formas de usar grupos como compañeros de una Página de Empresa en Linkedin, tome nota de quienes son sus miembros y este abierto a experimentar «socialmente» con estos.

CAPITULO 12

Linkedin para Networking

LINKEDIN PARA NETWORKING: Las relaciones son importantes. Importan «online» y «offline». Para las empresas, las relaciones significan más hoy de lo que han significado siempre. Durante años, LinkedIn ha ayudado a los profesionales a forjar relaciones mutuamente beneficiosas con otros profesionales lo que les permite construir equidad de marca y convertir sus esfuerzos sociales en nuevas oportunidades de negocio. Sus empleados por ejemplo, son algunos de sus más valiosos evangelistas en la organización. Al distribuir información y noticias relevantes a los empleados, las empresas pueden reducir la fricción inherente a los tradicionales canales de comunicación y posteriormente aumentar la probabilidad de que los mensajes adecuados sean compartidos con la audiencia correcta en el momento correcto. La mentalidad de un individuo es muy diferente cuando se engancha en una red personal a cuando lo hace en una red profesional.

NETWORKS / REDES SOCIALES PERSONALES: Los usuarios están buscando contenido que de gratificación inmediata como cupones, juegos o entretenimiento.

NETWORKS / REDES SOCIALES PROFESIONALES: Los miembros quieren contenido e información que pueda ayudarlos a trabajar inteligentemente y tomar mejores decisiones.

LAS RELACIONES CUENTAN HOY MÁS QUE NUNCA, PERO TAMBIEN EL CONTEXTO

La calidad es más importante que la cantidad, su red es una parte importante de su identidad profesional.

Las relaciones profundas con conexiones relevantes rinden mejores resultados que una amplia pero vacía red de conexiones no relacionadas entre sí o conocidos distantes.

Mantenga su red UTIL y SIGNIFICATIVA conectándose con personas que conoce y confía. Es importante establecer un *rapport* con clientes y prospectos antes de enviarles solicitudes de conexión. El *rapport* ayuda a darle un marco de trabajo a la solicitud de conexión como una construcción natural de relaciones en lugar de una táctica de ventas.

Estrategia Genérica de *Networking* en Linkedin:

- Conéctese con gente que conozca y en la que confié
- Está bien Archivar (Ignorar) solicitudes pero trate de ser flexible.

COMO HACER NETWORKING

1. 100% Perfil Completo = 40x más probabilidades - 40x más oportunidades en Linkedin.
Construya conexiones comenzando con la gente que ve todo lo que tiene para ofrecer.

2. Usted es más experimentado de lo que piensa; nunca se sabe a quién vamos a llamarle la atención en Linkedin
Piense en términos generales acerca de toda su experiencia, incluya trabajos temporales, prácticas no remuneradas, voluntariados, organizaciones de estudiantes.

3. Utilice la bandeja de entrada de Linkedin
Hacer redes no significa dejar por fuera a los extraños. Cargue su libreta de direcciones en línea (a partir de su cuenta de correo electrónico) y conecte con personas que usted conoce y en quien confía.

4. Vuélvalo personal, Linkedin es una red social más flexible de lo que parece
A medida que construye conexiones, personalice peticiones con notas agradables, si es necesario, un recordatorio de dónde y cómo se conocieron, o las organizaciones que tienen en común.

5. Únase al «*Crowd*» (Linkedin Groups)
Comience con sus grupos escolares y llegue a los ex-alumnos (les encanta conectar con sus pares).

6. Échele una mano *virtual* a alguien en Linkedin / ¿Cómo apoyar a los demás?
Opine sobre el estado de un compañero o colega, actualice su estado o reenvié información valiosa a sus amigos. Su generosidad será devuelta!

7. Actualice su estado de Linkedin pronto y con frecuencia, permanecer en el radar
Las redes no son sólo acerca de a quien conoces sino también de quien lo conoce a usted. Cuente que está haciendo ☺

8. Solicitud de entrevistas de información vía Linkedin
Nunca solicite ser contratado, solicite entrevistas informativas para buscar consejo o entender mejor una empresa, negocio, producto, marca etc. Podría no parecerlo, pero las personas por lo general están dispuestas a hacerlo.

9. Haga su tarea en Linkedin antes de entrevistas informativas o formales o de un evento de *Networking*
Utilice las Búsquedas Avanzada y las Páginas de Empresa para aprender conocer antecedentes e intereses de la gente relacionada que estaría en esas reuniones.

10. Aléjese del Ordenador! / Lo mejor de Linkedin, irónicamente, muchas veces sucede fuera de Internet.
Mantenga un toque humano real. Haga llamadas, asista a eventos en vivo, y envié «*snail mail notes*» electrónicos a quienes interactúen con usted.

Empiece buscando, escribiendo y conectándose con Compañeros o *Excompañeros*, Colegas o *Excolegas*, Amigos y Familiares
TIP: Busque Grados de Conexión (1r. 2°. 3r.)

Conéctese con Redes de *Alumni* de donde ha Estudiado y/o Trabajado y miembros por Industrias de Interés o Campos de Conocimiento.
TIP: Empiece buscando a través de los Grupos

Construya y mantenga nuevas conexiones.
TIP: Use Introducciones para llegar a Contactos de 2°.

EL TAB DE «RELACIONES» DE LINKEDIN (UNA MICRO SUITE CRM)

Texto del *Long Post* de Linkedin por Melonie Donaro (traducido y adaptado por Andrés Velásquez)

¿Se ha preguntado cómo muchas de sus conexiones son clientes o clientes potenciales? / ¿Olvida enviar mensajes de correo electrónico de seguimiento a algunos de sus clientes potenciales? / ¿Pierde regularmente notas que ha recogido de sus clientes potenciales más sólidos? / ¿Alguna vez ha deseado acordarse cómo conoció a un prospecto en particular? Si cualquiera de estas situaciones es ciertas para usted, entonces usted encontrará de gran valor que LinkedIn haya incorporado una herramienta de organización, la <u>Ficha de Relación</u>, disponible tanto para miembros gratuitos como de pago. Incluso si usted todavía no ha experimentado estos problemas, debido al crecimiento de la red, es de las funciones más valiosas que encontrará para ayudar a mantener organizada su información de contactos que son prospectos y estar monitoreando su red en función del seguimiento de negocios y de los esfuerzos en la generación de *leads*. La función también le permite guardar y registrar información sobre los contactos en su red que aún no están conectados con usted. El beneficio de esto es que se puede crear una lista de clientes potenciales con la que le gustaría conectarse; también, la información de registro que desea tener a la mano sobre estos y, luego, el seguimiento de sus esfuerzos para conectarse. No necesita preocuparse por la información que se tiene en esta función ya que todo es privado, así que nadie más verá lo que ha escrito.

CON.
TE.
NI.
DO.

CAPÍTULO 13

Exprésese Efectivamente y Cuente su Historia de Marca

"Los colores se desvanecen, los templos se desmoronan, los imperios caen pero las palabras sabias se mantienen"
-Edward Thorndike, Psicólogo

"La única cosa peor a que hablen mal acerca de uno es que ni siquiera hablen acerca de uno"
-Oscar Wilde, Escritor

¿Sabe cuáles son las Cs* de la comunicación de marca?
(o "mix")

*APLICADO A LAS MARCAS PERSONALES.

{ }
4Cs en Marca Personal de D. Schawbel
>Contenido
>Comentarios
>Conversación
>Comunidad

4Cs en Marca Personal de W. Arruda
>Competencia
>Claridad
>Consistencia
>Constancia

Establezca su liderazgo de pensamiento

¿ha considerado un `brainstorming´ para su vida?

!

CONSEJOs:
Incluya muchas más herramientas de mercadeo de carrera aparte de las tradicionales (piense… ¿Cuáles podrían ser aparte de un Currículo o una Carta?)

CONSTRUIR su Rueda de Comunicaciones
¿ha organizado/asistido a un evento externo reciente?

!

CONSEJOs:
Formule cuidadosamente un plan para comunicar su marca que pueda sincronizarse con su rueda de comunicaciones.

DESARROLLE su plan físico de comunicaciones
¿está familiarizado con un plan de comunicaciones?

!

CONSEJOs:

La mejor manera de superar el nerviosismo que suele acompañar el hablar en público es PRACTICAR MUCHO. Cuanto más lo hagas, más fácil es hacerlo cada vez. Así que hay que ser voluntario en todas las oportunidades posibles para hablar en público. Considere unirse a un grupo de práctica de hablar en público.

Al leer revistas especializadas y otras publicaciones profesionales tome nota de la redacción y los nombres de los periodistas e información de contacto. De esta manera, usted puede presentar ideas de historias o ser voluntario para contribuir con ideas a los expertos de los artículos.

SEA "PEREZOSO". Es bueno para su marca. Una vez que haya terminado de crear una presentación o escribir un artículo, pregúntese cómo puede volver a usarlo, córtelo para convertirlo en una lista de consejos, ampliar el contenido en un libro, y así sucesivamente.

EJECUTE su plan físico de comunicaciones

¿cómo/cual sería un efectivo plan físico de comm.?

!

CONSEJOs:
Escoja los mejores canales a través de los cuales usted pueda llevar su mensaje.

"Ninguno de nosotros es tan inteligente como todos nosotros"
- Proverbio Japones

"…las marcas globales esencialmente tuvieron mucho poder"
- Naomi Klein argumentando en su libro de 1999, `No Logo´

"…queremos convertirnos en el `pulso´ del planeta"
- BHAG de Twitter

®

¿Cuál es su oferta / propuesta de valor?
su `PBS´*

*`Personal Brand Declaración´: Todos los componentes juntos en una frase que describe su oferta de valor.

{ }
Estructura / Ejemplo

Estructura: `PERSONAL BRAND Declaración´ + *PERFIL facilita* CURRICULOS + `ELEVATOR PITCH´

Ejemplo: "Uso mi curiosidad/pasión por los medios sociales, el *branding* y la innovación para ayudar individuos u organizaciones a crear-manejar una identidad digital que facilite el `networking´ en función de ingresos alternativos alineados al éxito (personal & profesional)".

®

¿Ponga su `Declaración´ de Marca a funcionar?

¿Como/Cual sería una `Declaración´ efectiva?

!

CONSEJOs:
Observe a otras personas y `tome nota´ de cómo son sus propias marcas personales.

Desarrolle su `Declaración´ de Marca

¿Cómo escribiría una `Declaración´ efectiva?

CONSEJOs:
Probar tres versiones de su declaración de marca personal con los miembros de su público objetivo y sus colaboradores de confianza, y ver cuál de ellos cala.

® Perfil de Marca

¿Cómo escribiría su perfil de marca?

!

CONSEJOs:
Use su perfil de marca para desarrollar herramientas de mercadeo personal.

Ponga su perfil de marca a trabajar (Guidelines)

¿Cómo/Cual sería un perfil de marca efectivo?

!

CONSEJOs:
Establezca sus propios lineamientos de marca (límites y alcance).

CAPÍTULO 14

Ponga su Marca en Todo lo que Haga

"Usted tiene que desarrollar una `Obsesión Rolodex´, construyendo y deliberadamente manejando una constantemente creciente red de contactos profesionales"*

— Tom Peters, management guru

®

¿Cuáles son factores internos y externos de su marca?
ENTORNO/AMBIENTE DE MARCA

{**"Entorno de Marca"**:

Elementos de Apariencia
(Ropa, Accesorios, Voz, Lenguaje Corporal,…)

Herramientas de Negocios
(Celular, Laptop, Tablet,…)

Sistema de Identidad
(Colores, Fuentes, Imágenes Recurrentes,…)

Red Profesional
(Clientes, Proveedores, Socios, Nodos en Medios Sociales,…)}

®

Usted es lo que tiene alrededor suyo
¿Cómo describiría su espacio de trabajo?

!

CONSEJOs:
Observe y anote lo que hace, lo que usa, lo que tiene y todo lo que lleva a cabo durante un día típico; pregúntese que dice acerca de usted cada una de estas cosas. ¿Cómo podría cambiar elementos en el entorno para que sean más representativos de su marca personal?

La primera impresión permanece

¿Tiene una anécdota sobre la `primera impresión´?

!

CONSEJOs:

Piense en su armario como un gasto de mercadeo. Si usted fuera un negocio, tendría que gastarse un buen dinero en material de mercadeo profesionalmente diseñado e impreso para impresionar clientes potenciales. Su ropa y accesorios deben hacer lo mismo para su marca personal.

Su Oficina y Herramientas de Negocio*

¿Cuáles son sus herramientas de negocio?

!

CONSEJOs: Revisar todos los artículos en su oficina, iluminación, muebles y materiales. Pregúntese si reflejan su marca. ¿Qué cambio a su oficina la haría más evocadora de su marca personal?

'CRM'* aplicado a la Marca Personal
¿Para qué $%&/=* me sirve el *Customer Relations Management*?

!

CONSEJOs:
Implemente una filosofía CRM en su gestión de marca personal

CAPÍTULO 15

Slideshares y Marca Personal

¿QUE ES SLIDESHARE?

Slideshare es un "Servicio de Alojamiento de Diapositivas", un *hub global* de contenido profesional; algo así como un "Youtube" de presentaciones, lanzado en el año 2006 y adquirido posteriormente por **Linkedin** en 2012. Con **Slideshare**, es posible aprender sobre casi cualquier tópico desde expertos en la materia. Como algo basado en la Web 2.0, se enfoca en ser un canal de slide hosting. Los Usuarios pueden subir archivos de forma privada o pública en formato compatible con PowerPoint, PDF, Keynote o cualquier presentación que sea OpenDocument. Estos Slide Decks pueden ser vistos en el sitio en sí mismo, en dispositivos móviles o incrustados (*embedded*) en otros sitios. **Slideshare** es considerado como similar a YouTube, pero para diapositivas. **SlideShare** fue originalmente pensado para ser usado para negocios para compartir diapositivas entre empleados más fácilmente, pero ya que se ha expandido, también se convirtió en alojamiento de grandes cantidades de diapositivas que son compartidas incluso, solo para entretenimiento. Aunque **Slideshare** es primariamente un servicio de alojamiento de diapositivas, también soporta documentos, PDFs, videos y se ha abierto a *webinars*. Una cosa muy buena de **SlideShare** es que también da a los usuarios la posibilidad de calificar, comentar y compartir el contenido cargado, con lo que aprovecha el poder intrínseco de la plataforma como red social. Según Wikipedia, se estima que **Slideshare** recibe cerca de 70 millones de "unique visitors" por mes y tiene mucho más de 30 millones de usuarios registrados. Co-fundado por la ciudadana de la India *Rashmi Sinha*, quien también es la CEO, **SlideShare** está constantemente haciendo alianzas estratégicas y enfocándose en estrategia de producto, *Rashmi Sinha*, además, fue nombrada entre las mujeres más influyentes de la Web 2.0 por FastCompany. La empresa explora constantemente formas de entregar un mejor producto para las personas y se enfoca en gestión de contenido e impulso de comunidades en torno al mismo.

Actualmente, **SlideShare** se renueva para ofrecer algo más visual, lo que incluye, imágenes más grandes. La meta de **Slideshare** es hacer del conocimiento algo fácil de compartir, por lo que, entre otras cosas, se ha convertido en el destino de contenido profesional con millones de descargas en decenas de categorías.

En SlideShare usted puede ver y subir:
- Presentaciones
- Infografías
- Documentos
- Videos

¿Cómo cree que debería usted usar SlideShare?

Básicos de Slideshare para Marca Personal ("Getting Started")
LinkedIn SlideShare es un centro mundial de contenido profesional, que incluye presentaciones, infografías, documentos y vídeos. Compartir contenido en SlideShare puede construir su reputación y cultivar oportunidades más profesionales.

¿cómo crear una cuenta de SlideShare
1. Diríjase a **slideshare.net/signup**.
2. Introduce tu dirección de correo electrónico en el campo de **Email**.
3. Crea un nombre de usuario en el campo de **Username**.
4. Crea una contraseña en el campo de **Password**.
5. Haz clic en **Signup/Registrarse**.

También puedes crear una cuenta de SlideShare conectando su cuenta de LinkedIn o Facebook:

1. Selecciona **Conectar con LinkedIn** o **Conectar con Facebook**.
2. Sigue las indicaciones para registrarte en SlideShare utilizando una de estas redes sociales.

Para vivir la mejor experiencia posible con SlideShare, la recomendación es que obtengas la **última versión de tu navegador. Averigua qué hacer si ya hay alguien que tiene tu nombre de usuario.**

¿PORQUE USAR SLIDESHARE?

Aprenda y Difunda más rápidamente, más fácilmente, más inteligentemente: Construya su conocimiento rápidamente de forma concisa con contenido bien presentado de lo mejores expertos. En lugar de desplazarse a través de páginas de texto, puede recorrer un *deck* de SlideShare y absorber la misma información en una fracción del tiempo. Explore lo mejor de SlideShare con su "featured content". Aprenda y Promueva cualquier tópico: Al ponerse al día sobre cualquier tema encontrará el contenido de expertos en todos los campos imaginables en casi 40 categorías o millones y millones de archivos. Empiece explorando las "top categories" internas para que sea más fácil de navegar y entender. Comparta sus ideas y hágase notar: Demuestre lo que sabe a través de una presentación, infografía, documento o a través de vídeos. Los formatos visuales le ayudarán a sobresalir y que resuene más con sus lectores. Al subir presentaciones a SlideShare, se llega a un público que está interesado en su contenido y muchísimos de los visitantes de SlideShare llegan a través de búsquedas específicas. Esto puede ayudarle a construir su reputación con el público adecuado y cultivar oportunidades más profesionales. Para ideas de que compartir o subir, consejos y las mejores prácticas, visite el *Creator's Hub*.

El *Creators Hub* también puede ayudarte a construir reputación y cosechar más oportunidades profesionales. Busque entre nuestros recursos para crear los Slideshares que mejor le funcionen a usted o a su marca.

Slideshare y su Creator Tool (s)

Son herramientas que ayudan a traer "ideas a la vida", mejorar y mercadear su contenido. Slideshare está constantemente construyendo nuevas características, así, usted puede hacerle seguimiento a la información valiosa generada por su contenido. Con las opciones de analítica de Slideshare, puede ver datos de cómo se desempeña su contenido, fuentes de tráfico, visitas por país, estadísticas de enganche y más. Use las analíticas para ir mejorando su estrategia. **Cree fácilmente presentaciones impresionantes:** Si necesita ayuda para diseñar una cubierta que destaque visualmente utilice **Haiku** en SlideShare para crear hermosas presentaciones en tres pasos sencillos. Integre vídeos con sus presentaciones; puede insertar vídeos de **YouTube** en diapositivas dentro de una presentación para dar a sus espectadores más dinamismo.

slideshare.net/ss/creators/tips-and-tricks
slideshare.net/Slideshare/how-to-make-awesome-slide-shares-tips-and-tricks

---

Consejos y Trucos

En el mundo actual de la comunicación visual, el diseño es un elemento importante de su contenido que no debe ignorar. Además, una vez que haya creado su presentación de SlideShare, querrá que la gente la lea, ¿verdad?.

SlideShare optimizará automáticamente su contenido para atraer visitantes a través de la función de búsqueda, pero es importante que usted mismo lo promueva para aumentar las visitas. Averigüe más sobre cómo crear la presentación adecuada para su público y promoverla eficazmente.

slideshare.net/Slideshare/how-to-make-awesome-slide-shares-tips-and-tricks

Artículos Relacionados (con vínculos externos a este libro):

- **Principios de diseño en el contenido de SlideShare**
  https://www.linkedin.com/help/slideshare/topics/7001/7008/65268
- **Atraer tráfico a tus archivos de SlideShare**
  https://www.linkedin.com/help/slideshare/topics/7001/7008/55068
- **Conectando SlideShare a los perfiles sociales**
  https://www.linkedin.com/help/slideshare/topics/7001/7008/55726
- **Consejos de promoción para el contenido de SlideShare**
  https://www.linkedin.com/help/slideshare/topics/7001/7008/65283

¿que subir a Slideshare?

Si no está seguro de que subir a SlideShare, hay tópicos que van desde mercadeo hasta diseño, ensayos fotográficos, transformación de viviendas, vehículos clásicos, etc.; las posibilidades son inagotables. Chequee algunos de los ejemplos más populares de lo que podría subir a Slideshare:

slideshare.net/Slideshare/what-to-upload

Únase a campañas mensuales de contenido de distintas organizaciones, permita que su voz sea oída y únase también a conversaciones. El mismo Linkedin y Slideshare lo hace regularmente, sígales la corriente; seleccione tópicos favoritos o relevantes para discutir y/o promover, sopese y comparta sus ideas u opiniones. Si usted compartiera tópicos que son tendencias, es muy probable que genere más visitas a su contenido o interacciones en su campaña. Usar #Hashtags de contenido en tendencia en su propio contenido, ayuda mucho a la indexación y al posicionamiento. Chequee el "Upload Campaign Calendar" del mismo Slideshare para el año 2015 (solo como ejemplo):

- **January:** Wearable Technology (#Wearables) | Productivity Hacks (#Hacks)
- **February:** Social Media Secrets (#smSecrets) | Steve Jobs (#Stevejobs)
- **March:** SXSW (#SXSW) | TED Talks (#tedtalks)
- **April:** Happiness (#Happiness) | Company Culture (#CultureCode)
- **May:** Paypal (#Paypal) | Graduates (#Graduates)
- **June:** Cannes Lions (#Cannes) | Higher Education (#HigherEducation)
- **July:** Best Books (#BestBooks) | Leadership Advice (#LeadershipAdvice)
- **August:** Creativity (#Creative) | Design (#Design)
- **September:** Dreamforce (#Dreamforce) | Hiring (#Hiring)
- **October:** MarketingMistakes (#marketingmistakes) | ProfessionalWomen (#womeninleadership)
- **November:** Startups (#startups) | Recipes (#recipe)
- **December:** Future Of (#futureof) | Blogging (#blogging)

PRINCIPIOS y FUNDAMENTOS DE DISEÑO APLICABLES A *DECKS* PARA MARCA PERSONAL

En el mundo actual de la comunicación visual, el diseño es un elemento importante de su contenido que no se puede ignorar; las representaciones visuales se procesan casi 50,000 x más rápido que las palabras, y, pueden aumentar la comprensión del espectador en un 89%. Como se dice en SlideShare, *visual es viral*. Hoy en día la gente que consume contenido prácticamente odia las viñetas y las imágenes sobre-utilizadas y "clichés" que son parte de depósitos de "*clip-arts*", en vez de eso, aproveche tipografías grandes e imágenes vivas para atraer y cautivar al público. El diseñador *Jesse Desjardins* en un ya legendario *deck* llamado "*You Suck at PowerPoint*", da una excelente visión general -y es un gran ejemplo- de cómo diseñar una presentación para las audiencias modernas. Siempre empiece con y recuerde la Regla #1: ¡MENOS MAS!. (http://www.slideshare.net/jessedee/you-suck-at-powerpoint-2)

Antes de poner el lápiz sobre el papel (o, más bien, el ratón en la pantalla), es importante comprender los fundamentos de un buen diseño: **Equilibrio, Énfasis, Unidad, Movimiento**. Aprovechando estos principios de diseño mantendrá su audiencia cautiva visualmente.

- **Equilibrio**
    Utilice la simetría y asimetría para enfatizar ciertos elementos
- **Énfasis**
    Hacer que el elemento más importante de su presentación se destaque
- **Unidad**
    Crear un tema visual consistente a través de las diapositivas
- **Movimiento**
    Utilice elementos como líneas curvas para animar los ojos a moverse de un punto a otro

blog.slideshare.net/2014/07/07/the-elements-of-design-for-presentations

---

Regla de Tres

Otra técnica de diseño simple es la regla de los tercios. Esto implica la división de la diapositiva en tres secciones iguales, tanto horizontal como verticalmente, y elementos de posicionamiento dentro de esa rejilla para optimizar el diseño.

Regla de Tres Horizontal
- Incluir los ojos del sujeto en el tercio superior
- Apúntele a ubicar los objetos en la izquierda, derecha, la parte superior o la parte inferior, pero no en el centro.

Regla de Tres Vertical
- Siempre localice los objetos hacia la izquierda o derecha para permitir espacio VACÍO o "blanco".

blog.slideshare.net/2014/02/05/slide-design-101-the-rule-of-thirds

---

Fotos e Imágenes

Hay más fotos e imágenes a nuestra disposición hoy que nunca antes, utilice imágenes en para amplificar su mensaje siempre: el contenido con imágenes pertinentes consigue más vistas. Aquí hay algunos consejos para el uso de las imágenes:

Elija fotos amigables con el texto ->
Es probable que deba hacer superposición de texto en la foto, así que elija imágenes donde hay espacio para que usted escriba

Sea auténtico ->
Use imágenes con las que la gente puede relacionarse o que, incluso, puedan provocar emociones; las personas no son tan propensas a compartir fotos no naturales o "posando".

De significado profundo ->
Asegúrese de que sus fotos ayudan a apoyar el tema de su presentación y los temas que lo componen.

Añada crédito a las fotos ->
Es de etiqueta en línea validar sus fuentes de fotos en el contenido; revise la guía de *Creative Commons* para acreditación de imágenes.

ENCONTRAR FOTOS

Hay Muchos sitios como *Getty Images* o *Shutterstock* que le permite adquirir / comprar fotos. Las opciones más comunes son: Creative Commons Search (http://creativecommons.org/choose/) y Stock Free Images.

slideshare.net/neilkpatel/the-ultimate-guide-to-creating-visually-appealing-content
blog.slideshare.net/2014/06/02/4-tips-for-choosing-the-right-stock-photography/

Tipografía

La Tipografía puede ayudar a amplificar su mensaje también. Puede utilizar la tipografía para enfatizar una palabra o una declaración, y apoyar un determinado estilo o sentimiento que corre a lo largo de su contenido. Así, se puede poner en cursiva o negrita, o usar un tipo de letra extra grande o pequeña, para ayudar a llegar a un punto. Hay cientos de fuentes por ahí que se pueden utilizar para agregar estilo a su contenido. Una vez elegido el estilo que funciona para usted, siga estos consejos:

>Escoja lo Grande -->
>Asegúrese de utilizar un tamaño de fuente que es lo suficientemente grande como para que los espectadores puedan leer fácilmente el tipo de letra, tanto en el computador de escritorio como en dispositivos móviles. A nadie le gusta leer texto desordenado o pequeño en la pantalla.
>
>Escoja dos Fuentes (Máximo) ->
>En general, el uso de dos fuentes mantendrá su contenido luciendo interesante y limpio y ayudándole a llevar a cabo un tema sin sentirse demasiado confuso o inconexo.
>
>Haga que coincida con su marca ->
>Si su empresa tiene ciertas fuentes que utilizan, se adhieren a los de consistencia de la marca.

blog.slideshare.net/2013/09/30/5-typography-tips-for-every-presenter

---

Colores

Los colores tienen la capacidad de provocar emociones, por lo que es importante elegir los colores que se adapten a su tono y su tema. Estos son sólo algunos adjetivos asociados con cada color:

- **Rojo:** amor y pasión
- **Naranja:** entusiasmo y felicidad
- **Amarillo:** felicidad y esperanza
- **Verde:** crecimiento y estabilidad
- **Azul:** responsabilidad y fuerza
- **Púrpura:** ambición y realeza
- **Blanco:** divinidad y pureza
- **Negro:** elegancia y poder

Para mantener un aspecto limpio, por lo general no deseara utilizar más de tres a cuatro colores por presentación. Tenga cuidado con estas trampas comunes de uso del color:

El dolor de cabeza de los colores brillantes -->
Si desea utilizar colores brillantes, asegúrese de usar un fondo neutro para evitar dar a su público un dolor de cabeza por el resto del día

Bajo contraste de colores -->
Si bien pueden verse bien en la impresión, tal vez no se ven geniales en la pantalla; por eso, elija colores de alto contraste para que su contenido se destaque en cualquier medio

Blanco y Negro -->
Si necesita un toco o una sensación más profesional en "blanco y negro", agregue un degradado sutil para aumentar la profundidad de la diapositiva.

blog.slideshare.net/2014/03/17/how-to-use-colors-in-presentations

---

Combinación de texto con imágenes

- Una vez que seleccione sus imágenes y la tipografía, el truco es la combinación de ellos para que se complementan entre sí y se conviertan en una pieza coherente
- Añadir capas
- Superponer una capa en la parte superior de la imagen y ajustar la transparencia para permitir que el texto sea más legible en la foto
- Añadir Perspectiva
- Ajustar el texto para que parezca que está siendo visto desde el ángulo de una cámara

blog.slideshare.net/2014/03/31/how-to-use-typography-with-photography

---

Considere también las *Infografías*, estas, como contenido, son más virales: Son más compartidas y gustan más a la gente en SlideShare que presentaciones tradicionales y documentos.

blog.slideshare.net/2013/09/11/infographics-are-more-viral
blog.slideshare.net/2013/12/16/5-steps-to-creating-a-powerful-infographic
slideshare.net/Slideshare/071813-slideshare-making-great-infographics2-iglh

SEA SOCIAL / VUELVASE SOCIAL

Llegue a más espectadores al compartir su contenido de SlideShare en otras plataformas de medios sociales, como **LinkedIn, Facebook, Twitter** y **Pinterest**.

Lo primero es lo primero: Conecte sus cuentas de redes sociales a su cuenta de SlideShare para que su red pueda ver sus actualizaciones y ayudar a su contenido a ser viral compartiendo lo que ha creado directamente desde la página del SlideView. También puede ser descubierto cuando se comparte el contenido de otras personas. Es una gran manera de "pagar de vuelta" y crear un sentido de comunidad y camaradería con sus compañeros. Para encontrar el mejor contenido, siga los canales de Slideshare en Facebook, Twitter, LinkedIn y **G +**. Así que, ahora que ha compartido sus SlideShares en varios canales de medios sociales, ¿qué queda?. La buena noticia es que apenas se alcanzaría la punta del iceberg. Hay muchas maneras para que su SlideShare continue con lo que desde un punto de vista estratégico, se convierta en un éxito viral. Aquí, algunas maneras de ayudar a mantenerse en el *"top of mind"* de SlideShare:

- Incluya CTAs (llamados a la acción). Pida a los usuarios hacer *clic* a través de otras plataformas, su blog, o los canales de medios sociales.
- Añada un "tweet sobre este" botón de modo que pueda direccionar los espectadores a las partes más atractivas de sus *decks*.
- Si su cubierta acompaña a una entrada del blog, incluya el enlace a la entrada en el blog tanto en la cubierta como en la descripción.

UN CASO DE MARCA PERSONAL EN SLIDESHARE

Cómo el autor / empresario Reid Hoffman usa SlideShare

Cuando el empresario de *Silicon Valley* y capitalista de riesgo *Reid Hoffman* publicó su primer libro, **"Startup of You"**, se dirigió a SlideShare para comercializarlo, generar interés, y en última instancia, conducir ventas. Hoffman, cofundador de LinkedIn, publicó dos SlideShares de su libro: Un resumen visual de **"Startup of You"**, cuando se publicó el libro, y una presentación sobre los secretos de graduados con éxito. Ambos eran específicamente creados para SlideShare, y, presentó los puntos clave y los aspectos más destacados del libro de una manera visual. Estos, han conducido más de un millón de *views* combinados, y fueron recogidos por publicaciones como *Business Insider*, lo que llevó a millones de vistas más. Del mismo modo, cuando publicó su segundo libro, "La Alianza", publicó un resumen en formato *deck*. Confesó "nuestros objetivos eran para dirigir el tráfico a la página de Amazon, esto lo hicimos al final de nuestros SlideShares, y, aumentamos la conciencia general del libro. Para lograr estos objetivos, nos hemos centrado en dos cosas: el diseño y la distribución". *Hoffman* y su director de mercadeo comparten sus consejos: Como enfoque de diseño "La reacción más común que recibimos es lo bien diseñadas que están nuestras presentaciones. Mientras estábamos reflexionando acerca del diseño, nuestra filosofía era simple: imágenes impresionantes que amplificaran el texto respectivo. …". Cómo lograr una mejor Distribución: "Por defecto, publicamos nuestras cubiertas en SlideShare porque ya tiene un ecosistema que promueve el intercambio y atrae vistas. Incluso hemos podido utilizar SlideShare para encontrar las publicaciones en línea relevantes para ser distribuidas. Cada presentación de SlideShare es listada en páginas web donde se han integrado, y, algunos *views* venían de presentaciones incrustadas. Se estudiaron listas para incrustar presentaciones pertinentes en puntos de venta virtual para llegar a promover tanto los libros como nuestro SlideShare".

REFs.:
WIKIPEDIA.ORG/WIKI/SLIDESHARE
LINKEDIN.COM/HELP/SLIDESHARE
SLIDESHARE.NET/ABOUT

https://blog.slideshare.net/2013/07/17/how-i-hacked-slideshare-to-optimize-twitter
http://www.slideshare.net/mrcoryjim/10step-checklist-when-uploading-to-slideshare
http://www.slideshare.net/kapostcontentmarketing/mastersofslideshare-deck-30350834
http://www.slideshare.net/Oneupweb/slideshare-optimization-oneupweb
http://www.slideshare.net/CMI/how-to-get-more-from-slideshare-supersimple-tips-for-content-marketing

Y, aquí, algunas de las mejores prácticas de los expertos en *Buffer*, *HubSpot* y *Social Media Examiner*.

The Complete Beginners Guide to SlideShare Decks
https://blog.bufferapp.com/slideshare-tips

How to Easily Create a SlideShare Presentation
http://blog.hubspot.com/marketing/how-to-create-slideshare-presentation-free-template-ht

How to Optimize Your SlideShare Deck for More Exposure
http://www.socialmediaexaminer.com/optimize-slideshare-deck/

.
.
.

CAPÍTULO 16

Pulse y Marca Personal

PULSE

Pulse, creada en 2010, como una aplicación de agregación de noticias para *Android*, *iOS* y navegadores que interpretaban el código de HTML5. La aplicación, en su encarnación original, y todos sus posibles usos originales para impulsar marcas personales, fue retirada en 2015 y se integró en **LinkedIn**.

Pulse fue lanzado originalmente para el *iPad* de **Apple**. La aplicación fue creada por dos estudiantes graduados de la Universidad de Stanford como parte de un curso en el Instituto de Diseño. La compañía que formaron, fue uno de los primeros en utilizar la incubadora de empresas de Stanford. Pulso recibió críticas positivas por tener una interfaz fácil de usar.

La aplicación se eliminó temporalmente de la *App Store* después de que fue mencionada por el Steve Jobs, debido a que **The New York Times** se quejó con Apple de que la aplicación sacó contenido de los canales de nytimes.com usando RSSs que violaban los términos de uso que prohíben redistribución comercial. La aplicación fue aprobada de nuevo y restaurada a la *App Store*. Posteriormente se lanzó una versión de la aplicación para el *iPhone* y el *iPod touch* llamada *Pulse News Mini*. Se contó con la misma interfaz y características que la versión *iPad* en una escala más pequeña. Luego, la aplicación también fue lanzada para teléfonos inteligentes *Android*.

Cuando la versión 2.0 de Pulse fue lanzada, esta actualización incluía la posibilidad de añadir más de 50 canales de noticias e introdujo páginas que podían ser configuradas para mostrar diferentes tipos de noticias.

Después de un tiempo, Pulse saco una aplicación gratuita para *iOS* y *Android* y más tarde al siguiente año, Pulse fue seleccionada como una de las aplicaciones del salón de la fama de **Apple** *App Store* y nombrada una de las mejores aplicaciones para *iPhone*. Esto elevó el perfil de la aplicación para ayudar a ganar aún más popularidad.

En 2012, se anunció una aplicación de Pulse web. La aplicación dispone de un diseño radicalmente diferente clasificado en conjunto para formar un "mosaico" como interfaz. Escrito en HTML5 la aplicación se supone que debe funcionar con todos los navegadores web modernos, sin embargo, una asociación especial con Microsoft aportó otras características únicas.

Más tarde, al final de ese mismo año, Pulse lanzo su versión de Pulse 3.0, inicialmente para *iOS* y *Android*. Incluía una barra lateral rediseñada de forma similar a la encontrada en la aplicación web para permitir la conmutación entre las páginas. También se incluyeron en la actualización un nuevo icono y la posibilidad de añadir un número ilimitado de canales de noticias.

En Abril de 2013 se anunció, como se rumoreaba anteriormente, que, había sido comprado por **LinkedIn**, al finalizar el 2013, se lanzó la versión 4.0, integrando la aplicación de Pulse con LinkedIn. Junto con esa integración, era una revisión masiva de interfaz de usuario que se cumplió en gran parte por las críticas negativas de los usuarios desde hace mucho tiempo. Dos años después, Pulse decidió rediseñar por completo la experiencia de usuario desde cero.

La razón aducida para este cambio era entregar noticias personalizada por parte de profesionales de la red de los mismos usuarios (principalmente de LinkedIn), y permitir la personalización. Este cambio también provocó una ola de respuestas negativas de la base de usuarios de la aplicación, incluyendo una caída dramática en las calificaciones en la *App Store* y *Google Play*.

Desafortunadamente, a pesar de su utilidad, LinkedIn anunció en 2015 que la aplicación original de Pulse se retiraba el 31 de diciembre de ese mismo año, después de lo cual, al dejarse de actualizar noticias por o para los usuarios, finalmente, quedaría "quieta". Linkedin "permite" aún, que Pulse funcione como parte de su plataforma (**https://www.linkedin.com/pulse**) pero la mayoría de las características originales o más populares, ya no existen.

REF.:
Este es un artículo traducido y adaptado del original en Wikipedia
(WIKIPEDIA.ORG/WIKI/PULSE_(APP)).

BUS.
QUE.
DAS.

.

CAPÍTULO 17

Sitúe su Marca para Resultados (y recuerde que)... Su Marca es *Buscable*

"la definición de una marca personal puede parecer un proceso complicado pero aunque sea complicado también es gratificante"
-Andrés Velásquez

®

Distinguir sus Metas.
CALENDARIO REALISTA de MARCA PERSONAL

{ PLAN DE DESARROLLO DE MARCA PERSONAL PLAN DE MERCADEO PERSONAL }

®

Plan de Desarrollo de su Marca Personal*.

¿Cómo definir el éxito personal? / Si hubiera que definir el éxito desde la perspectiva de la marca personal, diría que es la capacidad de ganar dinero haciendo lo que te apasiona. Dan Shawbel dice que el EXITO significa ser dueño de su carrera, generar un salario y tener ganas de ir a trabajar. Priorizar.

!

CONSEJOs: Defina qué significa para usted el éxito personal. Después, piense donde está, donde quiere estar y como llegar hasta allí. Priorice.

Plan de Mercadeo personal*

Un plan de "Mercadeo Personal" consiste en seguir una estrategia para aprovechar sus planes de desarrollo con el propósito de alcanzar objetivos profesionales. Esto requerirá: un "análisis situacional", un "análisis de audiencia", "análisis ´DAFO´ personal", un "análisis de competencia", una "estrategia de mercadeo", un "plan de presupuesto" & un "plan de acción".

!

CONSEJOs:
Cuando defina los elementos claves de su marca personal y los adecue a sus objetivos, intente aprender más acerca de sí mismo y entonces sabrá que quiere hacer en su vida o su carrera.

"Crea en y busque por un reflejo del alcance y reputación de su marca."
- Aaron Wall

{¿Alguna vez se pregunta si lo han buscado en internet antes de una cita fuera de internet?}

4 TIPS para mantener su reputación online

Googleese periodica‐mente y ponga alertas

Concéntrese en redes sociales clave, estratégicas y tácticas:
Linkedin + Facebook

Manténgase en Contacto+!
+ESPECIALMENTE CON SUS EVANGELISTAS

®

Participe y chequee grupos, foros y espacios de discusión.

!

CONSEJO:
(Haga (se)) mantenimiento preventivo...

CAPÍTULO 18

Control de Daños Online

"con conocimiento y recursos correctos puede impactar resultados en los motores de búsqueda (…,) reemplazando lo negativo enlistado con cosas positivas"

- Rand Fishkin

{Hay varias acciones que puede iniciar en respuesta a mala publicidad, dos importantes son… comentar o postear en un Blog aclarando con su punto de vista o revelando la verdad y contactar respetuosa y directamente, explicando o disculpándose, esperando que el responsable actué en consecuencia.}

- MAXITIPS …para resultados óptimos con los resultados en buscadores

®

Dominio y Titulo
Meta Etiquetas
Pagina Fresca
Trafico del Sitio
Contenido Web
Sistema de Vínculos

PRIVACIDAD DORADA
en
RRSS

Establezca acceso limitado a sus perfiles

Bloquee usuarios dañinos

No incluya información que usted prefiere privada

Aléjese de extraños que solo lo usen a usted

®

ALEJESE & CONTROLE...
«Mirones»
Cazadores de Emails
Hackers

!

CONSEJO: Mantenga como PRIORIDAD PROTEGER su marca, tómela en serio y evite a toda costa convertirse en una víctima ;)

CAPÍTULO 19

Linkedin Search para Marca Personal

LINKEDIN SEARCH PARA MARCA PERSONAL y ¿CÓMO REALIZAR BÚSQUEDAS EN LINKEDIN?

El cuadro de búsqueda de LinkedIn en la parte superior de cualquier página te permite buscar personas, empleos, empresas, grupos, etc. Puede hacer *clic* en cualquiera de las sugerencias de búsqueda que aparecen en la lista desplegable mientras escribes, o enviar tu búsqueda para ver los resultados completos. A continuación se describen los tipos de búsquedas que puede realizar:

Las BÚSQUEDAS BÁSICAS están disponibles para gente, empresas o empleos y reclutadores.

Cómo encontrar a una persona específica:

1. Haga *clic* en el lista icono en la parte izquierda de la caja de búsqueda y selecciona personas.
   - Si sabe el nombre y los apellidos de la persona, escríbalos en el cuadro de búsqueda. Por ejemplo: Andres Vrant.
   - También puede incluir palabras clave como su ubicación o profesión. Por ejemplo: Andres Velasquez Mentor, o Andres escritor Ciudad de México.
   - Si no sabe el nombre completo de alguien, introduzca otros datos que sí conozca. Por ejemplo: Escritor Mexico, Jesuita.
   - Para buscar varias personas, escriba sus criterios de búsqueda en el cuadro de búsqueda. Por ejemplo: Escritor publicista Estados Unidos soldado reservista.

2. Después de realizar una búsqueda, puede limitar los resultados aplicando filtros, como la universidad a la que asistió.

Cómo encontrar una empresa específica o varias empresas:

3. Haz *clic* en el icono de "lista" en la parte izquierda de la caja de búsqueda y seleccione empresas.
   - Si sabe el nombre de la empresa, escríbelo en el cuadro de búsqueda. Por ejemplo: Hostess Brands.
   - Si no sabe el nombre, introduzca una parte del nombre o características de la empresa que pueden estar asociadas a la página de empresa. Por ejemplo: Hostess o Twinkie Estados Unidos.
   - Para buscar varias empresas, escriba sus criterios de búsqueda en el cuadro de búsqueda. Por ejemplo: Postres aperitivos tartas Estados Unidos

4. Después de realizar una búsqueda, puede limitar los resultados aplicando filtros como el sector.

Cómo encontrar empleos:

Haga *clic* en el icono "lista" en la parte izquierda de la caja de búsqueda y selecciona <u>empleos</u>. Escriba sus criterios de búsqueda en el cuadro de búsqueda. Por ejemplo: Mercadeo Santiago de Cali. Después de realizar una búsqueda, puede limitar los resultados aplicando filtros como el nombre de la empresa.

Las BÚSQUEDAS AVANZADAS están disponibles para gente o empleos. Haga *clic* en **avanzada** a la derecha de la caja de búsqueda en la parte superior de cualquier página para ver todos los campos y filtros a la izquierda.

BUSQUEDAS BOOLEANAS

La búsqueda *booleana* utiliza los operadores de búsqueda avanzada y la lógica de matemática booleana para realizar búsquedas. Aquí tiene algunos de los modos en que puede construir sus búsquedas:

- Búsquedas Literales: Para una frase exacta, utilice las comillas. Por ejemplo: escriba «administrador de productos». --> Las búsquedas de LinkedIn solo admiten las comillas estándar. Puede que otros programas o sitios web utilicen símbolos especiales que el sistema de Linkedin no reconoce. --> Con el fin de optimizar el rendimiento global del sitio, palabras vacías, como "por", "in", "con" etc.. etc.
- Búsquedas con "NOT": Para excluir un término concreto, escríbalo con "NOT" inmediatamente delante en letras mayúsculas. Por ejemplo, escribe «programador NOT administrador».
- Búsquedas con «OR»: Para ver los resultados que contienen uno o más términos de una lista, sepárelos con «OR» en letras mayúsculas. Por ejemplo, escriba «ventas OR marketing».
- Búsquedas con «AND»: Para obtener resultados que contienen dos o más términos de una lista, puede separarlos mediante la conjunción «AND» en letras mayúsculas. Por ejemplo, escriba «administrador AND director». Si busca dos o más términos, verá los resultados correspondientes a su búsqueda de forma automática.
- Búsquedas Parentéticas: para realizar una búsqueda compleja, puede combinar términos utilizando el

paréntesis. Por ejemplo, para encontrar a gente que tiene «VP» en su perfil o que tiene «director AND división» en su perfil, escribe «VP OR (director AND división)».

Cuando se tramitan búsquedas, el siguiente es el orden general de prioridad

01
Comillas [«»]

02
Paréntesis [()]

03
NOT

04
AND

05
OR

Los operadores "+" y "-" no se admiten oficialmente en LinkedIn. El uso de AND en lugar de «+» y de NOT en lugar de «-» hace que la pregunta sea mucho más fácil de leer y garantiza que Linkedin gestione la búsqueda correctamente. Cuando se usan los términos NOT, AND o OR, debe escribirlos en mayúsculas. No se admite realizar búsquedas comodín.

ADVERTENCIA → Toda la información contenida en este capítulo es el resultado de una búsqueda en **https://www.linkedin.com/help/**, el trabajo del autor fue reordenar temas según el enfoque y relevancia del libro, traducir y revisar la traducción o corregirla, hacer ajustes de formato y pequeñas adiciones de texto o contribuciones de interpretación de textos, sintaxis y/o gramática. Si tiene alguna sugerencia puede dejarla en los foros del HELP de Linkedin.

CAPÍTULO 20

Linkedin Analytics para Marca Personal

ADVERTENCIA → Toda la información contenida en este capítulo es el resultado de una búsqueda en **https://www.linkedin.com/help/**, el trabajo del autor fue reordenar temas según el enfoque y relevancia del libro, traducir y revisar la traducción o corregirla, hacer ajustes de formato y pequeñas adiciones de texto o contribuciones de interpretación de textos, sintaxis y/o gramática. Si tiene alguna sugerencia puede dejarla en los foros del HELP de Linkedin.

LINKEDIN ANALITICS PARA MARCA PERSONAL

PROFILE STRENGTH

Puede ver que tan fuerte se hace su perfil a partir de que está más o menos actualizado y ver los *feeds* de actividad del perfil de un miembro o la propia actividad reciente como parte de la fortaleza. Esta "esfera" se encuentra en el lado superior derecho de su perfil.

RECENT ACTIVITY

A. Ver el *feed* de actividad de otro miembro:
    En la versión para ordenador

- Pasa el cursor por el icono de la flecha en sentido descendente en la parte superior de su perfil.
- Selecciona **Ver la Actividad Reciente**.

Desde un teléfono móvil
- Ve al perfil del usuario.
- Toca **Actividad Reciente**, quien aparece debajo de la parte superior de tu perfil.

B. Ver tu propio *feed* de actividad:
En la versión para ordenador
- Ve a tu perfil.
- Pasa el cursor por el icono de la flecha en sentido descendente en la parte superior de tu perfil.
- Selecciona **Ver Actividad Reciente**.

Desde un teléfono móvil
- Ve a tu perfil.
- Toca **Actividad Reciente**, que suele estar debajo de **Quién ha Visto tu Perfil**.

NOTA: Si no ves ninguna actividad, puede que el miembro haya establecido su configuración de Actividad reciente a privada, o quizá no haya tenido ninguna actividad reciente. El tiempo que permanecerán los diferentes tipos de actividad en tu propio *feed* puede cambiar a medida que Linkedin continúe mejorando el producto. Puedes seleccionar quién puede ver tu actividad reciente y evitar que aparezcan algunos contenidos en tu *feed*.

PEOPLE YOU MAY KNOW (PYMK)
«Gente que podrías conocer» te muestra sugerencias según:

- Aspectos comunes entre tú y otros miembros. Por ejemplo, puede que tengás contactos comunes, perfiles, información y experiencias similares, trabajés en la misma empresa o en el mismo sector o hayás estudiado en la misma universidad.
- Contactos que has importado de tu correo electrónico a tus agendas de direcciones móviles.

"GENTE QUE PODRÍAS CONOCER" EN TU PÁGINA DE INICIO

Puede aparecer una lista abreviada de **Gente Que Podrías Conocer** en la esquina superior derecha de tu página de inicio de LinkedIn. Puedes hacer *clic* en Conectar debajo del nombre de un miembro para enviarle una invitación, o en **Saltar** para avanzar en la lista sin conectarte.

Este módulo podría no aparecer en tu página de inicio si:
- No tienes invitaciones pendientes.
- Has invitado a todos los miembros sugeridos.
- Has eliminado a todos los miembros sugeridos.
- No se sugieren otros miembros en ese momento.
- A tu perfil le falta información importante como la empresa donde trabajas actualmente o has trabajado con anterioridad, los cargos, las universidades o los sectores de empleo.
- En los campos del nombre aparecen números, símbolos o caracteres especiales.

LA PÁGINA "GENTE QUE PODRÍAS CONOCER"

Para explorar la página **Gente Que Podrías Conocer**, haz *clic* en el icono de **Amplía tu Red** en la parte superior derecha de tu página de inicio. En la parte superior de Gente Que Podrías Conocer, puedes ver las invitaciones pendientes. En cada invitación pendiente, tendrás dos opciones:
- **Aceptar**: haz *clic* en el icono de **Aceptar** para añadir a la persona como uno de tus contactos de 1er grado.

- **Ignorar**: haz *clic* en el icono de **Ignorar** para eliminar la invitación. A la otra persona no se le notificará que has ignorado su invitación, por lo que podrá volver a enviarte invitaciones para conectarse contigo.

Si eliminas varios cientos de sugerencias en pocos días haciendo *clic* en la **X** que aparece en la parte superior derecha de una sugerencia cuando pasas el cursor por encima, algunos resultados que has cerrado pueden volverte a aparecer ese mismo día. Averigua más sobre cómo aceptar o ignorar invitaciones.

Puede que no veas sugerencias en esta página si:
- Has invitado a todas las personas sugeridas disponibles.
  Has eliminado a todas las personas sugeridas disponibles.
- No hay sugerencias en ese momento.
- A tu perfil le falta información importante como la empresa donde trabajas actualmente o has trabajado con anterioridad, los cargos, las universidades o los sectores de empleo.

Puedes actualizar tu perfil o importar tus contactos de correo electrónico para ayudarte a generar más sugerencias.

NOTAS: Linkedin no escanea el contenido de tus mensajes para sugerirte resultados. Puedes acceder a «gente que podrías conocer» desde tu página de inicio, así como desde la página (*link*) gente que podrías conocer. Puedes que veas varios nombres con sus correspondientes direcciones de correo electrónico en **Gente Que Podrías Conocer**. Estos son contactos que has cargado anteriormente y que no se han unido a LinkedIn. Puedes hacer *clic* en **Añadir a la Red** para invitarles individualmente. No obstante, esas invitaciones no pueden personalizarse.

"WHO'S VIEWED YOUR PROFILE" & "WHO'S VIEWED YOUR POSTS"
CARACTERÍSTICAS DE LA VERSION BÁSICA Y CARACTERÍSTICAS DE LA VERSION PREMIUM DE "QUIÉN HA VISTO TU PERFIL"

Cuenta Básica

- Si tienes tu configuración ajustada para mostrar tu nombre y tu titular cuando ves perfiles, verás las 5 personas más recientes que han visitado tu perfil en los últimos 90 días, así como una lista de sugerencias para aumentar las visualizaciones a tu perfil.
- Cuando recibas 5 o más visitas en un periodo de 90 días, verás un gráfico encima de la lista de visitantes. El gráfico muestra las tendencias semanales de las visualizaciones a tu perfil en los últimos 90 días, así como otra información como:
    - A. Dónde trabajan y viven los visitantes.
    - B. Cómo te han encontrado.
    - C. Su sector y cargo.

Si quieres establecer tus opciones de visualización del perfil para mostrar tu nombre y titular:

1. Pasa el cursor por la foto de tu perfil en la parte superior derecha de tu página de inicio y haz *clic* en **PRIVACIDAD Y CONFIGURACIÓN**.
2. Haz *clic* en la pestaña **PRIVACIDAD** en la parte superior de la página.
3. Debajo de la sección **PRIVACIDAD DEL PERFIL** haz *clic* en **CAMBIAR** junto a las **OPCIONES DE VISUALIZACIÓN DEL PERFIL**.
4. Debajo de **SELECCIONA QUÉ INFORMACIÓN PUEDEN VER OTROS USUARIOS CUANDO VISITAS SU PERFIL**,

escoge para mostrar tu nombre y titular. Los cambios se guardarán automáticamente.

Cuenta Premium
- Verás la lista completa de los visitantes en los últimos 90 días. Si has recibido al menos una visita en los últimos 90 días, también verás las tendencias e información sobre ese visitante.
- Además de la experiencia de la cuenta gratuita, podrás hacer *clic* en los puntos de datos semanales para filtrar la lista de visitantes para ver los miembros de esa semana. Puedes hacer lo mismo en la información de los visitantes.

Con cualquiera de las cuentas en versión para ordenador, puede que veas una fila de sugerencias de acciones que puedes tomar para aumentar las visitas a tu perfil, ampliar tu red e incrementar tus oportunidades. Estas incluyen sugerencias para:
- Seguir personas influyentes
- Unirse a grupos
- Añadir aptitudes
- Contactar con personas sugeridas

ESTADÍSTICAS DISPONIBLES PARA TUS PUBLICACIONES y PUBLICACIONES LARGAS

Las estadísticas como el número de recomendaciones y comentarios que ha recibido tu publicación están disponibles en la vista de lectura de la publicación. Se encuentran en los datos del autor debajo del título y la fecha de publicación, donde están tu foto, nombre y cargo. Actualmente, el número de visualizaciones es información privada, pero está disponible para el autor en la página de análisis.

Para acceder al análisis adicional de tus publicaciones largas:

1. Desplázate a la sección **Publicaciones** en tu perfil y pulsa en la publicación que deseas ver.
2. Haz *clic* en el icono de **Análisis** situado en los datos del autor debajo del título de la publicación. Así llegarás a la página de **Quién Ha Visto Tus Publicaciones**.

La página **Quién Ha Visto Tus Publicaciones** muestra parámetros y tendencias sobre la gente que está viendo, recomendando, comentando y compartiendo tus publicaciones largas. Se conservan los datos hasta un año. Esto significa que el análisis incluirá las actividades que tuvieron lugar hasta hace un año desde la fecha actual. Puedes hacer *clic* en una publicación en la parte superior de la página para ver los datos divididos en **tres secciones**:

> Ver los resultados de tu publicación

Esta sección te muestra el número total de visualizaciones, de recomendaciones, de comentarios y las veces que ha sido compartida cada publicación. Además, un gráfico de líneas muestra el número de visualizaciones de la página con el paso del tiempo.

- Haz *clic* en la flecha en sentido **descendente** en la parte superior izquierda del gráfico para ver las visualizaciones de los 7 últimos días, 15 días, 30 días, 6 meses y del último año.
- A la derecha, verás el cambio de número y de porcentaje de visualizaciones de la página para el día seleccionado.

> Características demográficas de tus lectores

Esta sección proporciona información sobre tus lectores. Verás detalles como:

- Sectores principales de tus lectores.
- Cargos principales de tus lectores.
- Ubicaciones principales de tus lectores.
- Fuentes de origen principales de tus lectores.

> Quién ha interactuado con mis publicaciones

Esta sección muestra la lista de las personas que han interaccionado con tu publicación, incluidas las recomendaciones, comentarios y veces compartida. Puedes filtrar esta lista haciendo *clic* en:

- **Recomendaciones**: haz *clic* en la foto de sus perfiles o en sus nombres para ir a la página de los perfiles.
- **Comentarios**: haz *clic* en el icono de **Más** en la parte inferior izquierda de la pantalla para revisar sus comentarios sobre tu publicación.
- **Veces compartido**: haz *clic* en el icono de **Más** en la parte inferior izquierda de la pantalla, y luego en **Ver Contenido Compartido** para verlo en LinkedIn.

Para ver solo los miembros que han interaccionado con tu publicación, selecciona **ocultar gráficos** en la parte superior derecha de la página. De este modo crearás una versión resumida que muestra solo a la gente que ha recomendado, comentado o compartido tus publicaciones.

NOTAS:

- Estas personas no son visitantes de tu perfil. Si tienes una cuenta Premium, quizá necesites pasar esta fila para ver el resto de visitantes.
- Incluso si tienes una cuenta Premium, no verás los nombres de los visitantes que decidan permanecer anónimos. Respetamos la privacidad de los miembros que no desean desvelar información sobre sí mismos cuando ven perfiles. Averigua más sobre esta configuración de privacidad.
- La página de análisis no está disponible en todas las ubicaciones. Está disponible en inglés y se irá ampliando a otros idiomas progresivamente. No

se admiten solicitudes para otorgar el acceso anticipado a esta funcionalidad.
- A fin de calcular los datos demográficos de tus lectores, es necesario un número mínimo de visualizaciones de la página.
- Las publicaciones con menos de 50 visualizaciones de página tienen menos probabilidades de recibir una recomendación, comentario o de ser compartidas.
- Para proteger la privacidad de nuestros miembros, no incluimos la identidad de los miembros que han visto tu publicación, sino solo los que han interaccionado con la publicación.

FUNCIÓN DE "HOW YOU RANK FOR PROFILE VIEWS" (RESUMEN)

La función de clasificacion del puesto en el que estas muestra cómo tus visualizaciones de perfil en los últimos 30 días comparan con:

- **CONTACTOS:** Los miembros pueden ver las diez primeras entre sus contactos de 1er grado que tienen el máximo de las visualizaciones de perfil. También pueden ver a 10 miembros más de su entorno si no hay más en la parte superior del Top 10. Los usuarios Premium tienen esta misma visibilidad hasta para los 100 miembros.
- **TU EMPRESA:** Los miembros con un puesto de trabajo en una empresa con al menos 100 empleados pueden ver los miembros en un Top 10 de la empresa con más visualizaciones de perfil. Si no estás en la parte superior de esos diez, podrás ver más gente relacionada contigo (cinco arriba y cinco a continuación).
- **PROFESIONALES COMO TÚ** (SÓLO PARA MIEMBROS PREMIUM): Los usuarios Premium

disponen de una tercera vista que muestra cómo se comparan en las visualizaciones de perfil a los miembros con experiencia similar. Esta funcionalidad se basa en diversas funcionalidades del perfil, como el período de tiempo en puestos de trabajo.

PARA ACCEDER A LA PÁGINA DE TU PUESTO EN LA CLASIFICACIÓN:

1. Desplázate por la pestaña de perfil en el menú de navegación superior de tu página de inicio.
2. Haz *clic* en **QUIÉN HA VISTO TU PERFIL**.
3. Haz *clic* en **CLASIFICACIÓN POR VISUALIZACIONES DE PERFIL** en la parte superior derecha de la página.

NOTA: El puesto de trabajo actual en tu perfil debe estar asociado con tu página de empresa para esta funcionalidad. Se refleja el número de contactos en la clasificación del puesto en el que estas, no se puede sincronizar con el número real de contactos si cualquiera de tus contactos ha escogido rechazar el aparecer en la página. También ten en cuenta que la clasificación se basa en las visualizaciones de perfil en los últimos 30 días. Si no estás satisfecho con la clasificación, puedes seguir las sugerencias en la parte derecha de la clasificación del puesto en el que estas, esta página es para ayudarte a mejorar la visibilidad de tu perfil.

EL *SOCIAL SELLING INDEX* (LINKEDIN´S SSI) y CÓMO SE CALCULA
https://www.linkedin.com/sales/ssi

El *índice de ventas con las redes sociales* (o SSI) de LinkedIn es una medida que clasifica el uso que realiza una empresa o individuo de LinkedIn como una herramienta de ventas con las redes sociales.

¿Qué datos se utilizan para calcular mi calificación en el SSI?

Se utiliza una variedad de datos asociados a tu cuenta de LinkedIn para calcular tu calificación en el SSI. Incluyen los siguientes:

1. Datos sobre tu marca profesional
   - La información de tu perfil de LinkedIn, incluidas las validaciones que has recibido
   - *Posteos* de Formato Largo que ha publicado y el número de seguidores resultantes de esto.
2. Datos sobre tus relaciones
   - Contactos
   - El índice de aceptación de tus solicitudes de contacto
3. Datos sobre tu participación en LinkedIn
   - *Shares*, recomendaciones, comentarios y número de veces compartido
   - Mensajes enviados y el porcentaje de respuesta
   - Tu participación en grupos y grupos a los que te has unido
4. Datos sobre tu uso de LinkedIn para encontrar posibles clientes
   - Búsquedas
   - Visualizaciones de perfil
   - Días activo

Si es un usuario de *Sales Navigator* (producto pagado, corporativo, del portafolio de Linkedin), también se utilizarán los datos asociados con el uso de *Sales Navigator* en la puntuación del SSI, incluidos los siguientes:

- Búsquedas en *Sales Navigator*
- *Lead Builder* y búsquedas de avanzada de gente en *Sales Navigator*
- Visualizaciones de perfil en *Sales Navigator*
- Posibles clientes guardados en *Sales Navigator*
- Cuentas guardadas en *Sales Navigator*

¿Quién puede ver mi calificación en el SSI?
Solo el dueño del perfil puede ver la calificación del SSI (aunque se puede escoger compartirla). El panel de control del SSI también muestra la clasificación en el sector y en la red. No obstante, otros miembros no pueden ver cómo estás clasificado en cada sector o en la respectiva red.

NOTA: En ocasiones, Linkedin podría pedirte que realices acciones para mejorar tu calificación en el SSI.

REFERENCIAS

Tom Peters, Brand You 50 (1999)
by KNOPF

William Arruda, Career Distinction (2007)
by WILEY

Daniel Schawbel, Me 2.0 (2010)
by KAPLAN

Dan Zarella, The Social Media Marketing Book (2010)
by O'REILLY

Reid Hoffman, The Start Up of You (2012)
by RANDOM HOUSE

Andrés Velásquez
puede ser
seguido y/o contactado
en su HUB
about.me/andres.velasquez

o vía...
TWITTER: @MisterTinta
SKYPE: AndresFelipeVelasquezHenao
EMAIL: Andres.Velasquez@Yahoo.Com
WHATSAPP: +57 315 4186715

Andres Velasquez / The INK Company

TU
MARCA
PERSONAL
&
LINKED
IN

1a. Edición Digital

TU
MARCA
PERSONAL
&
LINKED
IN

ISBN-13: 978-1537685403
ISBN-10: 1537685406

www.ingramcontent.com/pod-product-compliance
Lightning Source LLC
Chambersburg PA
CBHW021420170526
45164CB00001B/32